TASCABILI BOMPIANI 416
SAGGI

GW00545329

Alberto Moravia

L'INVERNO NUCLEARE

a cura di Renzo Paris

TASCABILI BOMPIANI

ISBN 88-452-1332-3

© 1986 Gruppo Editoriale Fabbri, Bompiani, Sonzogno, Etas S.p.A.
Via Mecenate, 91 - Milano

III edizione "Tascabili Bompiani" marzo 1991

INDICE

23 Domande di Renzo Paris ad Alberto Moravia   VII

L'INVERNO NUCLEARE   1

LETTERA DA HIROSHIMA *(21 nov. 1982)*   3

CHI CI SALVERÀ *(28 nov. 1982)*   15

LA PACE SIA CON NOI *(12 dic. 1982)*   27

GERMANIA ANNO MILLE *(22 maggio 1983)*   33

ENTRO DIECI ANNI CI SARÀ LA GUERRA ATOMICA
(29 maggio 1983)   45

COME VIVERE CON LA BOMBA *(28 agosto 1983)*   59

PRIMA CHE IL MONDO SCOPPI *(27 nov. 1983)*   69

AD ANDROPOV MANDO A DIRE... *(22 genn. 1984)*   77

MORAVIA INTERVISTA MORAVIA CANDIDATO
(9 maggio 1984)   83

MA IO SONO UNA PURA COLOMBA *(20 maggio 1984)*   89

E SE LA TRATTATIVA DURA PIÙ D'UNA VITA
(16 dic. 1984)   93

REAGAN TRA GLI INCUBI DEL PASSATO E DEL FUTURO
(17 maggio 1985)   99

DIFENDO QUESTA GRANDE MACCHINA DELLA CIVILTÀ
(5 ott. 1985)   105

IL MORBO ATOMICO È COME L'AIDS *(6 ott. 1985)*   109

AL DI LÀ DELLA POLITICA *(24 nov. 1985)*   115

IL REGALO DI NATALE *(18 dic. 1985)*   119

23 DOMANDE DI RENZO PARIS AD ALBERTO MORAVIA

1) I punti di vista sulla bomba sono tanti e diversi. Quello marxista in particolare, ha ancora una validità? In altri termini, che posto occupa la "coscienza di classe" nell'era nucleare?

– Il punto di vista marxista sulla bomba è, se non erro, che bisogna fare la rivoluzione perché in un mondo tutto marxista, la guerra e a maggior ragione la guerra nucleare, non scoppierebbe più. Mi pare un punto di vista utopistico cioè, appunto, marxista. Purtroppo, però, non c'è tempo. La guerra nucleare, tra le altre cose, sbarra l'avvenire, nega l'utopia.

2) La guerra nucleare è una guerra annunciata. Come l'angelo annunciò a Maria la nascita del Redentore, i media annunciano quotidianamente le trattative rimandate tra russi e americani. Moravia, ma che morte è la morte annunciata?

– La guerra nucleare è una guerra annunciata perché non è una guerra ma la morte della specie.

Si sapeva da sempre che la specie un giorno sarebbe morta. Ora sappiamo come morirà e anche, approssimativamente, quando.

3) "La bomba è impensabile come Dio". Sono tue parole. Ora, sia su Dio che sulla bomba ci sono letterature sterminate. In che senso sono impensabili?

– La bomba è impensabile come Dio perché l'uomo non può pensare con il suo pensiero sia il suo inizio sia la sua fine.

4) Dietro la protesta antinucleare dei movimenti pacifisti mondiali si nasconde un bisogno etico, religioso, più che politico.
Mi pare di capire che la bomba per te è un problema filosofico, poco negoziabile nel mercato della politica. È così?

– Capovolgerei la questione: il problema nucleare è un problema metafisico e perciò, giustamente i pacifisti lo prendono come tale. Si tratta infatti del suicidio dell'umanità. Da questo punto di vista l'elemento politico-militare è puramente strumentale.

5) Anche se sparisse in un sol colpo metà della popolazione della terra, dicono i cinici di massa, magari prendendo a pretesto l'odio antioccidentale di Rimbaud, rimarrebbe sempre l'altra metà a testimoniare la vita. Fatte le dovute proporzioni, la guerra nucleare somiglierà o no alle ultime due guerre mondiali?

– La guerra nucleare non somiglia alle altre guerre mondiali per tre ragioni: 1) la durata: due o tre minuti, 2) la micidialità: cento per cento di morti, 3) il fatto che oltre all'umanità distruggerà la Terra.

6) Qualcuno ha osservato che la scienza è la forma più potente di dominio perché è la più potente forma di previsione. Inoltre il dominio andrebbe esercitato senza limiti. Moravia, quali sono i limiti che non andrebbero mai superati?

– I limiti sono interiori. È vero che non c'è precedente storico di una nazione che abbia rinunziato a un'arma nuova e più distruttiva. Ma noi ci troviamo in una situazione senza precedenti sia per quanto riguarda i problemi sia per quanto riguarda le soluzioni. In altri termini, da ora in poi, l'umanità dovrà convivere con l'arma nucleare cioè il proprio suicidio. Questa convivenza sarà impossibile senza una profonda rivoluzione "interiore" cioè spirituale. Anche l'uso della ragione è un fatto spirituale. Non è spirituale invece la soluzione esterna cioè politico-militare basata sui trattati, sui negoziati, sugli accordi ecc. ecc. Insomma l'umanità deve avere il coraggio di "pensare" l'arma nucleare. Pensarla e viverla e alla fine sopprimerla dentro di sé, cioè trovare dei nuovi limiti insuperabili con tutte le conseguenze incommensurabili che ne seguirebbero.

7) Dove vige una legge scientifica, un uomo non può fare esperienza di niente. Non può più, tra l'altro, raccontare. È il pensiero concentrato dei filosofi post-moderni. È anche il tuo?

– Non ci sono leggi scientifiche alle quali non si possa opporre una esperienza non scientifica. In altri termini l'esperienza porta a *nuove* leggi scientifiche magari del tutto diverse. Le risorse della scienza sono infinite e ciascuna comincia come esperienza e finisce come legge scientifica. Quanto a raccontare, si può raccontare tutto, anche l'impossibilità di raccontare.

8) Gli ecologisti parlano della necessità di una nuova alleanza tra l'uomo e la natura. Con quale natura, Moravia, l'uomo dovrebbe di nuovo allearsi?

– La natura sta cambiando natura. Fino a ieri la natura era quella di Lucrezio e di Leopardi. Oggi è quella di Einstein. Bisognerebbe che l'uomo si alleasse con quest'ultima. Se non lo farà, l'avrà nemica e la lotta sarà breve: la fine del mondo per cause naturali cioè per la catastrofe nucleare, in due o tre minuti.

9) I pacifisti europei sono dei dilettanti neo-nichilisti che più che la pace mondiale vorrebbero salvaguardare innanzitutto la loro pace personale. Sono parole di Glucksmann. "Io amo la pace" in bocca a chi ha visto in televisione centotrenta guerre e decine di genocidi in questi ultimi quarant'anni, può suonare falso. La pensi allo stesso modo?

– Il pacifismo non ha un buon nome perché ha poco spessore filosofico, pare una maschera della paura. Bisognerebbe ripensarlo come rivoluzione interiore che porti a una inversione di rotta dell'attuale corso dell'umanità postindustriale verso l'autodistruzione.

10) Junck è convinto che solo le immagini dei dimostranti più tesi hanno convertito qualche scienziato nucleare al pacifismo. Cosa succederebbe se tutti gli scienziati che adesso lavorano alle guerre stellari, si convertissero al pacifismo? Al punto in cui siamo, basterebbe?

– Si attribuisce troppa importanza agli scienziati, li si crede dei pensatori e non sono per lo più che degli analizzatori. Sono gli Stati che dovrebbero convertirsi al pacifismo. Sennonché uno Stato pacifista è una contraddizione in termini: la guerra è uno strumento tradizionale dello Stato come il bisturi lo è del chirurgo.

11) *L'inverno nucleare* ha un andamento narrativo molto marcato. C'è un io all'erta in tutte le sue pagine, come in quello che scrivesti di ritorno dalla Cina. La "presa di coscienza" del problema nucleare mette in allarme a ben vedere sia il narratore che il critico, l'uomo Moravia insomma. Si direbbe che sei agli inizi di una nuova fecondità artistica.

– Ho un solo desiderio: smettere al più presto di occuparmi della questione nucleare noiosa e povera. Per ora questo non è possibile. Ma verrà molto presto un giorno che la guerra nucleare verrà considerata come quello che è: un sinonimo della morte. Ora della morte non ci si occupa. È la vita che interessa.

12) "Naturale" è molto usato, non solo tra i Verdi, in termini positivi. "Artificiale" invece, a dispetto di Baudelaire che ne aveva vantato addirittura i paradisi, è usato in senso negativo. Jacques Monod de-

finisce i due aggettivi prescindendo dal punto di vista umano, perché ciò che appare naturale nella natura è spesso molto artificiale. Tu che ne pensi?

– Naturale, per me, a ben guardare, è un termine negativo, almeno da quando, con la fissione dell'atomo, si è visto che la natura era rimasta quella che è sempre stata: una nemica dell'uomo. Artificiale, invece, dovrebbe essere considerato un termine positivo. Sì, artificiale talvolta è sinonimo di falso. Ma dopo Hiroshima, viva la falsità!

13) C'è chi fa risalire la frugalità dei movimenti pacifisti mondiali a origini francescane, indiane, hippie. Non può darsi invece che, almeno per gli europei, si possa parlare di una matrice oraziana, pagana, contro i Pizzarro della tecnologia *hard*?

– La frugalità dei movimenti pacifisti mondiali è occidentale. L'Europa è sempre stata "povera", l'Asia è sempre stata ricca. Intendo povero e ricco spiritualmente.

14) L'idea della fine del mondo, hai scritto, è sempre meno un'idea e sempre più una realtà. La fine del mondo, insomma, sarebbe già cominciata. A che possono valere allora i progetti di una "rivoluzione culturale" degli ecologisti di punta? Insomma, la tua è una disperazione eterna, una speranza senza speranza?

– Sì la fine del mondo è già cominciata col disastro ecologico. Ma al contrario della fine del mondo nucleare, la fine del mondo ecologica ha tempi relativamente lunghi. Forse potremo ancora invertire la direzione.

15) Nel tuo ultimo romanzo *L'uomo che guarda* il protagonista s'incammina verso quella che gli ecologisti chiamano "coscienza di specie", abbandonando la "coscienza di classe". Ora la coscienza di specie implica una sorta di grande riconciliazione tra gli uomini, fascisti e non, avvelenatori e macrobiotici, dinanzi al pericolo del pianeta sempre più inquinato. Dodo è un riconciliato?

– Sono molto consapevole del fatto che la "coscienza di specie" potrebbe obliterare la "coscienza di classe" e provocare una generale riconciliazione che a sua volta potrebbe essere una maschera comoda del disimpegno. Hai ragione, il pericolo c'è. Penso che la sola garanzia di serietà e di autenticità in questo caso sia il sentimento che sta all'origine così della coscienza della specie come della coscienza della classe. Lo dimostra se non altro il fatto negativo che così nel primo caso come nel secondo non mancano i retori, cioè coloro che si fingono attuali per motivi di tornaconto o di ambizione. Quanto al mio personaggio non è affatto "riconciliato". È semplicemente alla ricerca di un nuovo punto di riferimento.

16) Secondo te dove affondano le loro radici le forze storiche responsabili dello sviluppo tecnologico duro: nell'illuminismo, nella controriforma o addirittura nella cacciata dall'Eden? E perché è proprio nel Novecento il frutto più nero di questo sviluppo?

– Le forze storiche responsabili dello sviluppo tecnologico affondano, come tu dici, le radici negli inizi della scienza moderna, diciamo da Galileo in su. Ora la questione non è tanto di sapere se la tecnologia è funesta quanto di vedere che uso se ne fa. Praticamente in tutti i tempi l'umanità ha avuto la possibilità di suicidarsi. Bisognerebbe sapere perché proprio oggi, attraverso l'uso delle tecnologie, l'umanità pare propensa a fare ciò che in altri tempi ha saputo evitare.

17) Se si eccettua qualche raro caso, gli autori italiani non hanno confidenza alcuna con l'atomica. Anzi, sembra che vadano fieri di una tale omissione. La tua "ossessione" nucleare ha, secondo me, una radice antica. Era già in *Gli indifferenti*. Michele Ardengo respirava l'atmosfera di cupio dissolvi in cui viveva tutta la cultura europea alla fine della prima guerra mondiale. Non è così?

– Il mio interesse per l'atomica è certamente collegato con altri miei coinvolgimenti del passato del tutto lontani da questioni militari e tecnologiche. Il che, a ben guardare, vuol dire che l'atomica è una questione, diciamo così, morale. Allora non deve sembrare strano che io mi interessi all'atomica.

18) Suppongo che quello che più ti fa disperare sia l'idea flaubertiana del tramonto della bellezza, della definitiva scomparsa dell'arte come splendore dell'umanità. Ma per Flaubert, come Joyce, la caduta di una bomba e la caduta di una foglia erano la stessa cosa.

– Certo Flaubert e Joyce oggi sembrano molto lontani. Bisogna riconoscerlo una buona volta: erano dei moderni. Noi ormai, a partire da Hiroshima, viviamo nel post-moderno.

19) Gli scienziati, presentandoci gli scenari delle guerre stellari tentano un mestiere che non è il loro: quello dello scrittore. A che cosa risponde, secondo te, questo bisogno di "far vedere" il mostro atomico servendosi di tecniche narrative tra le più obsolete?

– Gli scienziati sono spesso dei personaggi fanta-scientifici. Cioè quel genere di personaggi che coniugano la terribilità nucleare con l'atmosfera benevola e borghese dei campus universitari.

20) Hai scritto che le guerre stellari sono il sogno fantascientifico di un visionario che "oscilli tra l'Apocalisse di San Giovanni e i fumetti di Superman". Un sogno perfettamente post-moderno?

– Non è colpa di Reagan se i fumetti si sono impadroniti delle guerre stellari. I fumetti, letti per lo più dai minori di età, sono purtroppo profetici e comunicano un indizio importante che le cose "stanno cambiando".

21) Bergson sosteneva che il moribondo, nel suo letto di morte, prima di esalare il suo ultimo respiro, rivedeva la sua vita in un'unica concentratissima sequenza. L'uomo dell'inverno nucleare è nella situazione bergsoniana che tanto impressionò Proust o non è piuttosto portato a cancellare, nascondere, rimuovere, il suo stato di moribondo?

– L'uomo dell'inverno nucleare per primo non c'è ancora. Forse non ci sarà mai.

22) Secondo te, lo spettacolo della bomba, gli innu-

merevoli scenari della morte nucleare e adesso delle guerre stellari, accrescono la potenza presunta di una nazione agli occhi dello spettatore o no?

– Stranamente *non* accrescono la potenza. Si capisce anche perché. La potenza è potenza quando si prospetta l'eventualità di una guerra tradizionale con vincitori e vinti. Ma una guerra nucleare senza vincitori e vinti, dà un senso di impotenza.

23) Alla fine di questa intervista non si può sottacere l'impressionante convivenza dell'uomo con le catastrofi di ogni tipo. La memoria dell'umanità è un elenco infinito di rottami, macerie, distruzioni. C'è chi sostiene che fino alla vera fine dell'universo, quando cioè il numero degli zeri ha riempito una pagina intera, l'umanità convivrà con la Rovina. La specie arriverà, secondo te, fino alla fine naturale dell'universo con la spada di Damocle della "seconda morte", del "secondo deserto", sospesa sul suo capo?

– Non credo che bisogna essere catastrofici. In molte professioni pericolose si convive con la propria morte. Pratichiamo l'essere uomini come un mestiere pericoloso e cerchiamo di mandarlo avanti senza morire. Comportiamoci di fronte alla morte nucleare come l'artificiere chiamato a disinnescare la bomba del terrorista o del mafioso, con coraggio ma anche con esperta abilità.

L'inverno nucleare

LETTERA DA HIROSHIMA

Carissimo,
eccomi ad Hiroshima ed ecco l'ultima novità: non sono
più quel tale individuo a nome Alberto Moravia, non
sono più italiano, europeo, ma soltanto membro della
specie. E per giunta membro di una specie destinata, a
quanto pare, ad estinguersi al più presto.

Questa verità mi è folgorata in mente mentre mi
chinavo, riverente, per deporre un mazzo di fiori davanti al cenotafio delle duecentomila vittime della
bomba atomica. In quel preciso momento, il monumento eretto in memoria del giorno più infausto di
tutta la storia dell'umanità, ha "agito" dentro di me.
Ad un tratto, ho capito che il monumento esigeva da
me che mi riconoscessi non più cittadino di una determinata nazione, appartenente ad una determinata cultura bensì, in qualche modo zoologicamente ma anche
religiosamente, membro, come ho detto, della specie.
Debbo dire che scoprire ad un tratto di essere soprattutto e soltanto membro della specie non è piacevole.
È un fatto dimenticato e rimosso da milioni di anni.
Un salto indietro nella preistoria, anzi in qualche re-
mota epoca geologica. Anche perché la scoperta, come
ti ho già accennato, è unicamente di segno negativo:

3

scopro di essere membro della specie perché la specie sta per perire.

Adesso permettimi di fare una citazione. Schopenhauer, a proposito del fatto strano e contraddittorio che gli uomini non credono alla propria morte e infatti non ci pensano mai e così, praticamente, si considerano immortali, fa il seguente ragionamento: "Contro la poderosa voce della natura la riflessione può ben poco, anche nell'uomo, come nell'animale che non pensa, prevale come durevole stato quella certezza proveniente dalla più intima coscienza che lui è natura, è il mondo stesso; per la quale certezza, il pensiero della morte, sicura e mai lontana, non inquieta visibilmente nessun uomo, e ciascuno vive come se dovesse vivere in eterno." E poco prima, aveva detto: "Non l'individuo ma la specie sola importa alla natura, la quale per la conservazione della specie si affatica con ogni sforzo, provvedendo con larga prodigalità mediante la smisurata sovrabbondanza dei germi e la grande forza della fecondità."

In altri termini, io, Alberto Moravia, scrittore, italiano, europeo ecc. nel momento stesso che penso alla morte, cesso di essere quel tale individuo che ho detto e mi sento soltanto membro della specie e come tale immortale perché la specie non morirà mai. Ecco spiegato, dunque, perché gli uomini non pensano mai alla morte e vivono come se dovessero vivere in eterno. Ma Schopenhauer non aveva previsto — e come avrebbe potuto? — che ad un certo momento non questa o quest'altra nazione ma addirittura la specie avrebbe potuto essere minacciata di totale distruzione. Che la natura stessa, apparentemente eterna, era invece condannata ad una fine prematura. Che, insomma, la cosiddetta avventura umana era destinata ad una fine prematura, orribile ed assurda.

È sempre triste smentire la saggezza, cioè quel modo di pensare che non dovrebbe conoscere limiti di tempo essendo appunto il risultato ultimo dell'intera esperienza umana. Ma con la bomba atomica, la saggezza non vale. Allo stesso modo che la famosa sentenza dell'Ecclesiaste: "niente di nuovo sotto il sole" viene smentita dal fatto che la bomba è un'assoluta novità e così quelle parole che vanno considerate soltanto come il buon senso miope di un contadino mediorientale dell'età del bronzo; così il ragionamento di Schopenhauer va a gambe per aria allorché si riflette che la bomba vuole la distruzione proprio di quella specie apparentemente eterna che, secondo il filosofo tedesco, farebbe sì che gli uomini si sentano immortali. Sì, altro che immortalità: sarà molto se dureremo, noialtri della specie umana, ancora vent'anni, fino al Duemila! Di conseguenza, diciamo pure con tutta la solennità del caso, che prendere coscienza dell'appartenenza alla specie vuol dire, per la prima volta nella storia dell'umanità, prendere coscienza della morte propria ed altrui e, per giunta, dell'imminenza di questa morte.

Né bisogna confondere, come si fa di solito, la fine della specie per mezzo della bomba con la vecchia Apocalisse di San Giovanni. È un errore allorché si parla della catastrofe nucleare, tirare in ballo l'Apocalisse. Nell'Apocalisse, c'è pur sempre l'idea dell'immortalità condensata in quelle fatidiche parole: "Io sono il principio e la fine." Già, perché per dire "fine", si suppone che chi lo dice si ponga fuori dell'Apocalisse, in un'eternità in qualche modo paragonabile all'immortalità della specie di Schopenhauer.

E invece non è così, non sarà così. Alla fine non ci sarà più né la natura di Schopenhauer né il Dio di San Giovanni; ma soltanto un sasso annerito e bruciato condannato a girare per l'eternità nel vuoto spazio cosmico. Un sasso morto e inerte simile a quella luna che ho visto a Houston in occasione del lancio dell'Apollo. Sì, un sasso, in cui si sono susseguite per secoli tante civiltà, tante culture, tanti popoli la cui storia, adesso, sta per finire in una fiammata, come voleva la profezia cristiana, ma in una maniera e per motivi che non possiamo non sentire mostruosamente sproporzionati e casuali.

Ad ogni modo prendere coscienza della morte nucleare ancor prima che orrore e paura, ha destato in me, a tutta prima, stupore. Come, mi è venuto fatto di dirmi, tanti sforzi, per migliaia di anni, e quindi, in un solo attimo, un lampo accecante, un tuono terribile e poi più niente!

Il secondo pensiero sulla bomba, è stato invece più razionale. E cioè: la fine del mondo cioè la morte della specie mediante la bomba fa parte della nostra cosiddetta storia? In altri termini, la logica della storia "porta" alla bomba: oppure l'oltrepassa e continua oltre la bomba, riducendo così la bomba stessa ad un "errore"?

I giapponesi, cioè i soli che abbiano finora sofferto la morte atomica, sono ottimisti. Sul monumento ai duecentomila morti di Hiroshima, essi hanno scritto queste enigmatiche parole che a prima vista suonano come un colossale "understatement": "Riposate in pace perché noi non ripeteremo l'errore".

Errore? Ma quale errore? L'errore demenziale del dottor Stranamore? Oppure, il più vasto e fatale errore di mettere in dubbio, attraverso l'uso della bomba, l'idea, assolutamente indispensabile all'umanità dell'immortalità della specie? Penso che si tratti della seconda ipotesi. Infatti sappiamo di certo che l' "understatement" dell'iscrizione di Hiroshima ha voluto riunire nella stessa frase così il cordoglio per le vittime come il solenne impegno per la pace. Il sindaco di Hiroshima, dottor Hamai, al tempo che fu eretto il monumento, ebbe infatti a dire: "Volevamo mettervi la preghiera per la pace dei morti ma era difficile unirvi l'impegno per la pace dei vivi." Dopo essersi scavato il cervello per trovare le giuste parole, il sindaco ricorse al professor Tadayashi Saiko, uno specialista in fatto di iscrizioni classiche. Saiko ci pensò su e poi presentò la frase che abbiamo riportato spiegandola in questo modo: "Il peggiore delitto del ventesimo secolo è stato il lancio della bomba atomica. Ma i cittadini di Hiroshima non vogliono attardarsi sul passato ma pensare al futuro, cercando di fare ciò che non è stato fatto ancora. È il privilegio di Hiroshima e di Nagasaki di far sì che noi non ripeteremo questo delitto." Dove "noi" va inteso non già come "noi giapponesi", come a qualcuno allora venne fatto di pensare, ma "noi uomini", cioè "noi specie umana". Il che, tra parentesi, pare confermare l'idea dell'esistenza di un destino "storico" dell'umanità, destino nel quale la bomba non è fatale e può essere lanciata soltanto per "errore". In questo modo l'iscrizione prende figura di avvertimento: state attenti, la prima volta può essere stato un errore ma la seconda sarà un delitto.

Ma è stato davvero un errore? Ci sono alcuni particolari che fanno sbigottire. Il comando supremo americano aveva finora provveduto, ogni volta che c'era un bombardamento aereo, ad avvertire la popolazione giapponese con dei volantini, che ho visto esposti nel museo di Hiroshima, dell'imminenza dell'attacco aereo. Per la bomba non ci fu alcun avvertimento, alcun volantino. E forse non è inutile ricordare che il cosiddetto "Manhattan project", cioè il lancio della bomba sulla città di Hiroshima, fu giudicato realizzabile dall'Interim Committee presieduto dal segretario per la Guerra Stimson, con questa raccomandazione: "Primo, la bomba dovrebbe essere usata contro il Giappone il più presto possibile; secondo, dovrebbe essere usata contro bersagli in cui si trovassero in gran quantità non soltanto impianti militari ma anche case di abitazione; terzo, non ci dovrebbe essere alcun avvertimento sulla potenza distruttiva della bomba." Certo anche nella volontà di fare il maggior numero possibile di vittime c'è un errore, quell'errore di cui parla l'iscrizione di Hiroshima ma anche nel gesto del suicida c'è lo stesso genere di errore, cioè l'idea che la morte sia una "soluzione". Infatti, ciò che viene in mente di fronte all' "errore" di Hiroshima è che l'umanità, ad un certo punto della storia, potrebbe cercare di sbarazzarsi della storia stessa, per estrema stanchezza, suicidandosi. Secondo Eliot, il poeta che ha meglio definito e descritto nei suoi versi questa stanchezza della nostra civiltà, il mondo non finirà con un botto ("bang") ma con un lamento ("whimper"). Ora Eliot qui si è sbagliato. Sì, il mondo finirà proprio con un botto cioè con lo scoppio di un certo numero neppure tanto elevato di bombe atomiche.

A questo punto, tu mi chiederai, senza dubbio, che cosa si può fare e se c'è qualcosa da fare per evitare la catastrofe. È quello che mi sono domandato anch'io, dopo la mia visita a Hiroshima. A questo scopo ho interrogato un certo numero di intellettuali giapponesi, cioè del solo paese che, finora, ha conosciuto l'esperienza della morte nucleare. Ecco dunque la prima di queste interviste. È con il professor Shuichi Kato, docente di Storia Intellettuale Giapponese all'International College Sophia di Tokyo. Il professor Kato è nato nel 1919, si è laureato in medicina nel 1943 e deve forse a questo titolo il fatto di aver fatto parte della commissione giapponese-americana che immediatamente e dopo la fine della guerra fu incaricata di studiare gli effetti dell'esplosione nucleare. Ma il professor Kato deve la fama soprattutto e soltanto ai suoi libri di saggi letterari: *Forma, Stile, Tradizione*; *Il fenomeno Giappone-Cina*; l'autobiografia *Hitsuji no Uta* (Canti di una pecora); e soprattutto *Storia della letteratura giapponese*. Così che il suo parere è piuttosto quello di un uomo di lettere che di uno scienziato.

Il professor Kato è un uomo, come si dice, di mezza età, con la tipica faccia dell'intellettuale di tutti i paesi del mondo. Vestito con una giacca semisportiva e pantaloni di flanella come un professore di Oxford, si esprime in ottimo, elegante francese.

Domanda. Per descrivere l'Apocalisse, San Giovanni non aveva che l'immaginazione. Nella realtà storica del suo tempo, la fine del mondo non poteva essere dedotta in alcun modo. Oggi, dopo Hiroshima, noi disponiamo invece di una prima prova di apocalisse tecnologica. Il problema, secondo me, è di sapere se potremo evitare la fine del mondo. Cioè se la fine del mondo è "inclusa" nella nostra storia oppure ne è "esclusa". Cosa ne pensa lei? Crede che nella realtà oggi ci sia una logica non importa se storica o metafisica o altra che porta alla catastrofe nucleare?

Risposta. Poiché la corsa alle armi nucleari, così "verticale" come "orizzontale" sta continuando, non c'è ragione per credere che eviteremo la guerra nucleare, cioè la fine del mondo. È molto difficile se non impossibile evitare questa corsa e così, implicitamente, scampare alla catastrofe.

D. La catastrofe nucleare pare essere il logico sbocco della rivalità tra Unione Sovietica e Stati Uniti. Ma a sua volta questa rivalità è spiegabile razionalmente oppure c'è in fondo ad essa qualche cosa di oscuro (per esempio ciò che Freud chiama "istinto di morte") che non può essere spiegato e ci sfugge?

R. La rivalità tra Stati Uniti e Unione Sovietica mi sembra ampiamente spiegata dalla storia: gli Stati Uniti non hanno mai sofferto seriamente della guerra e perciò non la temono; dal canto suo l'Urss che ne ha troppo sofferto durante la seconda guerra mondiale, vuole essere ben preparata nell'eventualità di un conflitto. Data la rivalità militare, il complesso militare-industriale-scientifico si rafforza da ambo le parti e a sua volta rinfocola la rivalità non soltanto militare ma anche psicologica.

D. C'è un rapporto tra l'arma nucleare, che è arma di distruzione di massa, e il fenomeno della sovrappopolazione?

R. No, non lo credo.

D. C'è un rapporto tra l'arma nucleare e il disastro

9

ecologico cioè la progressiva diminuzione delle risorse naturali?

R. Non direttamente ma indirettamente. La diminuzione delle risorse naturali di energia, per esempio il petrolio, suscita l'utilizzazione dell'energia nucleare la cui tecnologia è strettamente legata a quella delle armi nucleari. Filosoficamente, l'aggressività della civiltà materialista si traduce nel disastro ecologico ed è dunque inseparabile dall'aggressività verso la vita umana.

D. C'è un rapporto tra l'arma nucleare e il crollo dei valori tradizionali propri della cultura contadina?

R. Sì, il rapporto industriale-consumistico con il mondo della natura è in qualche modo responsabile della civiltà tecnologica e dunque della proliferazione delle armi nucleari.

D. C'è un rapporto tra l'arma nucleare e la rivoluzione industriale?

R. Si capisce. La rivoluzione industriale ha rafforzato o addirittura creato una quantità di valori come razionalità, efficacia, produttività, competitività e aggressività che possono portare alla guerra nucleare.

D. C'è un rapporto tra l'arma nucleare e quello che va sotto il nome di genocidio, cioè dell'idea che un determinato popolo o gruppo etnico possa o debba venire totalmente distrutto, come per esempio è già avvenuto agli ebrei nella seconda guerra mondiale, in base a pretesti pseudo-scientifici o di altro genere (morali, ideologici, religiosi ecc.)?

R. Va da sé. L'arma nucleare è il mezzo più adatto per mettere in atto il genocidio.

D. Ammettendo un momento che la fine del mondo non sia voluta dalla logica della storia, cosa bisogna fare per evitare l' "errore" di cui parla l'iscrizione del monumento ai morti di Hiroshima?

R. Bisogna mettere in atto il disarmo nucleare. Per arrivare al disarmo nucleare, bisogna cominciare a disarmare unilateralmente. Per costringere i governi a disarmare unilateralmente, bisogna allargare, incentiva-

10

re i movimenti popolari antinucleari.

D. Lei crede che sia possibile psicologicamente e tecnicamente una guerra nucleare limitata, cioè con vincitori e vinti o con la possibilità per il mondo di riprendersi e continuare ad esistere?

R. Una guerra nucleare limitata è possibile ma non probabile.

D. Lei crede nel "deterrent" cioè nella vicendevole paura di Usa e Urss delle armi nucleari dell'avversario?

R. Il presidente Reagan sulla questione del "deterrent" ha detto: no. Egli predica in sostanza la guerra nucleare limitata.

D. La proibizione dell'arma nucleare le sembra possibile?

R. Se l'umanità non vuole sparire, bisogna arrivare alla proibizione. Ma non sono sicuro che l'umanità non voglia sparire.

D. Crede che potrebbe avvenire alla bomba atomica quello che è avvenuto ai gas asfissianti, cioè di non venire usata proprio per la sua incontrollabile pericolosità?

R. No, perché la bomba è più efficace e al tempo stesso più controllabile dei gas.

D. Crede che la guerra tradizionale (con armi convenzionali e vincitori e vinti) sia stata resa impossibile dalla guerra nucleare?

R. No, per niente. Dopo l'invenzione della bomba atomica, ci sono state una quantità di guerre cosiddette convenzionali.

D. Crede che la presa di coscienza da parte della popolazione del mondo intero della minaccia nucleare possa impedire il conflitto atomico?

R. Ci dovrebbe essere non soltanto la presa di coscienza ma anche l'espressione politica del sentimento antinucleare, attraverso i mass-media, petizioni, manifestazioni, "sit-in", sabotaggi, scioperi, e insomma tutti i mezzi possibili, legali e illegali.

D. Un accordo tra Urss e Usa per la spartizione del

mondo in due zone di influenza potrebbe fare evitare il conflitto nucleare?

R. Non ci credo. Ci sono troppe tendenze che sembrano determinare l'indipendenza assoluta e vicendevole delle superpotenze perché il mondo possa essere agevolmente diviso in due parti.

D. E l'unificazione del mondo in un solo organismo planetario?

R. È uno scopo molto lontano. Certamente non raggiungibile nei tempi brevi.

D. Il Giappone è il solo paese che abbia finora vissuto l'esperienza orribile della catastrofe nucleare. Esiste una soluzione giapponese per impedire il conflitto atomico?

R. Sotto la pressione popolare, il governo giapponese ha adottato la politica antinucleare dei tre punti: Primo, non fabbricazione; Secondo, non possesso; Terzo, non introduzione della bomba. È meglio che niente. Ma le basi americane in territorio giapponese non possono essere controllate dal nostro governo. Il terzo punto, dunque, manca di seria garanzia.

D. La schiavitù, durata migliaia di anni, non è finita da sé, per farla finire sono state necessarie sia una presa di coscienza universale sia misure pratiche. Crede che succederà lo stesso con la guerra e in particolare con la guerra atomica? Non crede che il pacifismo dovrebbe essere più organizzato, più aggressivo?

R. Sì. Il pacifismo dovrebbe essere molto più organizzato, molto più aggressivo e al tempo stesso molto più diffuso.

D. Crede che l'Onu dovrebbe essere rafforzato nel senso di essere in grado di agire sia sul piano economico sia sul piano militare in modo da impedire le guerre convenzionali, specie nel Terzo mondo?

R. Sì, ne sono convinto. Ma la funzione deterrente dell'Onu dipende dalla distensione tra Urss e Usa. Dunque la politica di distensione dovrebbe essere perseguita a tutti i costi.

D. Crede che il disarmo totale dei paesi non interessati al conflitto tra Usa e Urss (cioè praticamente di tutti i paesi del mondo salvo Urss e Usa) potrebbe impedire la catastrofe nucleare?

R. Non sarebbe facile perché ci sono dei paesi che non accetterebbero il diktat americano o sovietico e dunque parteggerebbero per forza di cose sia per l'Urss sia per l'Usa. Ma l'allargamento delle zone demilitarizzate faciliterebbe la distensione. Lo spirito di coesistenza, di compromesso e di distensione potrebbero rafforzarsi. Questo non impedirebbe la catastrofe nucleare ma ne diminuirebbe sensibilmente la probabilità.

Carissimo, questa materia ti sembrerà forse noiosa e arida. Ma una anche breve visita al museo degli orrori nucleari di Hiroshima ti convincerà che questa aridità nasconde una incommensurabile tragedia. Ed è qui che la filosofia della bomba si ferma e comincia l'incomprensibile, l'inconcepibile. Dice Nigeld Calder, specialista del tema nucleare, nel suo libro *Le guerre possibili*: "Tuttavia è sufficiente che un folle, un politico o un militare, si stanchi, e diventi intollerante della pace o che un incapace non sappia gestire una crisi, perché la civiltà del nostro emisfero abbia fine immediatamente."

Questo è l'aspetto forse più terribile della bomba: l'impossibilità per il mondo di continuare ad esistere, a svilupparsi e a progredire sotto la minaccia della morte nucleare. Come mai si sia giunti a questo punto è difficile dirlo. Per millenni tutto lo sforzo degli uomini in guerra è stato di lanciare un oggetto contro l'avversario. Prima la fionda dei cavernicoli, poi le frecce, poi i primi archibugi, poi i cannoni su su fino ai proiettili esplosivi che in realtà servono anch'essi a lanciare, in forma di frammenti, degli oggetti mortiferi. Improvvisamente, diabolicamente, l'uomo è riuscito a violare il mistero della natura cioè a sfruttare un processo, diciamo così, naturale a scopo distruttivo. Per far capire quanto lo scoppio della bomba sia "naturale" cioè rivaleggi in terribilità con la natura, basterà pensare che subito dopo lo scoppio la temperatura raggiunge diversi milioni di gradi, cioè la temperatura stessa interna del sole. Ora, l'uomo può forse controllare la propria distruttività; la natura no. Essa non ha alcun motivo di esercitare l'autocontrollo. L'uomo, dunque, è riuscito a mettere al servizio delle sue guerre insensate un furore indifferente e illimitato, il quale forse ha un senso che però non riguarda l'uomo.

(L'Espresso, 21 novembre 1982)

CHI CI SALVERÀ?

Hiroshima, ottobre

Carissimo,
molti anni fa sono andato a intervistare Gustav Jung nella sua villa di Zurigo. Ad un certo punto, parlando della guerra, Jung mi ha detto che nel 1914 aveva visto i soldati tedeschi partire per la guerra cantando, con dei fiori infilati nelle canne dei fucili. Jung ha poi commentato: "Andavano a morire ed erano felici". Già, felici di unirsi in un matrimonio di sangue ("Bluthechzeit") con la morte. In altre parole, Jung voleva dire che nell'inconscio collettivo dei soldati di uno dei paesi più potenti e più civili del mondo, covava quel desiderio di annullamento che Freud chiama "l'istinto di morte". Insomma quei soldati "volevano" morire; e infatti certe follie ed assurdità della prima guerra mondiale non paiono permettere altra seria interpretazione all'infuori di quella di Jung.

Una simile interpretazione, così come nella nostra Europa decadente, non potresti certo trovarla in Giappone che pure è stato il solo paese del mondo a fare l'esperienza della morte atomica. Nel Giappone, almeno a giudicare dalle risposte che alla domanda: "all'origine della guerra nucleare potrebbe esservi

15

un'inconscia tendenza suicida?" hanno dato le più diverse personalità, non si attribuisce importanza all'inconscio e si considera il suicidio atomico come qualche cosa che si può risolvere o non risolvere soltanto sul piano pratico. Sono d'accordo tra loro su questa maniera pragmatica di affrontare il problema della guerra nucleare, con più o meno pessimismo sulla possibilità di evitarla, religiosi come Morimoto e Shimizu, intellettuali come Tsuru, Sakamoto, Maruyama. Cominciamo dai religiosi.

La setta buddista del "Tenri-kyo" è stata fondata nel 1864 da una donna di umili origini contadine, Nakayama Miki. Brevemente: la setta conta tre milioni di adepti ed è la seconda per potenza e ricchezza dopo quella del Soka-Gakkai. Ha una sede non lontana da Nara, a Tenri appunto, cittadina teocratica popolata soltanto di fedeli. La setta vi possiede un certo numero di edifici, templi, alberghi, ostelli, conventi tutti magnifici, in stile tradizionale giapponese, disposti intorno a una specie di campus. Il tempio è nuovo fiammante, con un grande tetto massiccio a punte rialzate: l'interno è tutto di legno di un giallo luminoso e lucido che forma un contrasto assai decorativo con le casacche nere dei fedeli inginocchiati a centinaia di fronte all'altare della fondatrice. Siamo ospitati in uno splendido palazzo per visitatori di riguardo situato in località pittoresca. Dopo una prima colazione all'inglese, eccoci seduti intorno a un tavolo per l'intervista. Ci sono gli interpreti, alcuni dirigenti e infine colui che intervistiamo, il reverendo Shimizu, vivente personificazione di uno dei due tipi tradizionali del religioso buddista: l'ascetico magro e spirituale e il mondano ilare e placido. Shimizu appartiene alla seconda categoria: è rotondo, sorridente, astuto, padre felice di dodici figli. Lo interroghiamo in inglese e lui risponde in giapponese.

Domanda. Senza dubbio la scienza è una cosa buona; ad essa dobbiamo un progresso senza pari dell'umanità. Come mai da una cosa buona come la scienza è venuta una cosa cattiva come la bomba atomica?

Risposta. È vero, la vita umana è grandemente migliorata sul piano materiale; ma l'epoca dell'utilità della scienza è ormai passata. Da utile la scienza è diventata pericolosa e dannosa, come nel caso delle armi nucleari e dei vari problemi sollevati dalla genetica. Insomma, è finito il tempo in cui la scienza contribuiva alla felicità degli uomini. E invece Dio vuole che gli uomini siano felici. Ma Dio ci dice che la scienza è un coltello con due tagli, uno buono e l'altro cattivo. Bisogna avere fede in Dio e adoperare il taglio buono.

D. D'accordo. Ma sul piano pratico che cosa dobbiamo fare per evitare la catastrofe nucleare?

R. Prima di tutto dobbiamo rifarci agli insegnamenti di Dio.

D. In Occidente, la fine del mondo fa parte della nostra religione. È prevista e scontata. D'altra parte, abbiamo qualcosa che chiamiamo storia in cui la fine del mondo è anch'essa prevista sia pure in maniera utopistica. Secondo lei, le due logiche, quella della religione e quella della storia portano ugualmente e inevitabilmente alla catastrofe nucleare?

R. Non crediamo alla catastrofe nucleare. Crediamo in Dio. Senza Dio, la nostra vita è priva di significato.

Carissimo, ho riportato piuttosto a lungo questo dialogo di sordi per farti intendere il fanatismo che si nasconde sotto le apparenze mondane e lussuose del Tenri-kyo. Ad un tratto, però, il pragmatista giapponese ha fatto la sua improvvisa comparsa. Ad una mia nuova insistente domanda su quello che Dio e Oiasama consigliavano di fare sul piano pratico per evitare la fine del mondo, Shimizu ha risposto con la logica di una setta religiosa che si serve di tutti i mezzi moderni per la sua propaganda.

17

D. La guerra nucleare al punto in cui sono arrivati gli armamenti, può scoppiare a ogni momento nei prossimi dieci anni. Cosa proponete di fare per evitarla?

R. La scienza ha creato non soltanto la bomba atomica ma anche un grandioso sistema di comunicazione che interessa ormai tutto il pianeta. Dobbiamo usare di più e più intelligentemente questo sistema per diffondere la conoscenza dei problemi della guerra nucleare. Oggi la gente è lasciata sola e impotente di fronte a questi problemi; non ha un rapporto di conoscenza con la realtà. Soltanto i potenti hanno questo rapporto; solo loro sono in contatto con ciò che avviene; solo loro si incontrano e parlano dei problemi. Non può, non deve continuare in questo modo, la gente va informata.

Come vedi si tratta di una risposta degna di un paese ultramoderno come il Giappone e della setta più americanizzata di questo paese. E questo credo che sia stato il succo della mia lunga intervista al dirigente del Tenri-kyo: la volontà di pace della semplice mistica contadina vissuta più di un secolo fa va comunicata e imposta al mondo intero coi mezzi più sofisticati dei sistemi moderni di comunicazione.

Adesso, dopo aver visto il buddista ilare, ottimista e aggiornato, vediamo l'asceta magro e spirituale: il luogo dove si trova il bonzo Morimoto è molto diverso da quello dove ha la sua sede il Tenri-kyo. Quanto quest'ultimo è moderno e affollato, altrettanto il sito di Morimoto è solitario e tradizionale. Si entra nel recinto del tempio nel quale abita il bonzo, per una porticina di vecchio legno bruno e stagionato al di là della quale, in fondo ad un grande prato verde sparso di pinastri nani, scorgiamo l'antico tempio con la sua facciata bassa, sovrastata dal tetto massiccio simile ad un volto che mediti all'ombra di un cappello calato sugli occhi. Il bonzo ci accoglie sulla soglia. È tutto vestito di giallo, con un kimono dalle ampie pieghe dalle quali emerge una piccola testa scarnificata, quasi un teschio, dalle occhiaie incavate, dal naso ossuto, dal mento ispido di pochi peli grigi. Entriamo con lui nel tempio. Ci troviamo subito nella ben nota e incantevole atmosfera della religione buddista: grandi pareti a scorrere, con la luce che filtra attraverso i rettangoli di gialla carta pergamenata; in terra i tatami o stuoie di paglia giallina. Il bonzo accetta di rispondere alle nostre domande e dà subito a vedere un'imprevista mentalità disperata e razionale.

D. Se il Budda tornasse oggi, cosa farebbe per evitare la catastrofe nucleare?

R. È difficile rispondere ad una simile domanda. Il Budda è vissuto molti, molti secoli fa. Il Budda non poteva prevedere che l'uomo sarebbe andato nella luna. C'è troppa distanza tra la sua epoca e la nostra. Anche un uomo come il Budda appartiene alla sua epoca.

D. La scienza è una cosa buona. Come mai ha portato ad una cosa pessima come la bomba atomica?

R. La scienza zoppica, si è sviluppata da una parte sola.

D. Nella nostra religione, in Occidente, la fine del mondo è prevista come punto di arrivo e conclusione. E qui in Oriente?

R. Non abbiamo nulla di simile. La nostra idea del tempo è quella della ruota, che gira senza fine. Il pensiero religioso occidentale è orizzontale, il pensiero religioso orientale è circolare. La fine del mondo è un punto di arrivo del pensiero occidentale; nel pensiero orientale non può esservi un punto di arrivo.

D. Cosa può fare la religione orientale per evitare la catastrofe nucleare?

R. Tutti i grandi spiriti religiosi hanno sempre pensato che la religione è onnipotente; ma non è vero. Se ci fosse stato oggi Shaka (il sangue venerato nel tempio) forse avrebbe fatto in modo che le armi fossero costruite in altro modo cioè avrebbe trovato un modo di farle costruire ispirato alla propria epoca. In tutti i casi, bisognerebbe che venisse fuori un salvatore come il Budda, come Cristo. E ancora!

D. C'è uno spirito religioso nel Giappone?

R. Il Giappone non è religioso. Se lo fosse non ci sarebbero tanti mali. Il problema qui e altrove è dove sta la religione, se sopra o sotto la politica. Oggi, sta sotto. I potenti stanno sopra la religione, ma vengono a loro volta eletti dalle masse. Ora le masse possono sbagliarsi.

D. Hai mai pensato seriamente all'arma nucleare?

R. È l'arma più crudele che sia stata inventata; contro di essa la religione può ben poco. Potrà distruggere la pace nel mondo intero. Se non viene un salvatore, ci sarà un genocidio generalizzato.

Parla in tono impersonale e distaccato, senza guardarmi, seduto a terra, la piccola testa ossuta di tartaruga circondata dalle ampie pieghe del kimono. È chiaro che è profondamente pessimista; soprattutto mi colpisce la sua osservazione in qualche modo storicistica sul fatto che il Budda appartiene alla sua epoca. Dopo poche altre domande che ricevono le solite risposte desolate ci congediamo da Morimoto. Non piove più; la nebbia, però, indugia ancora sulle colline; pare di essere in un paesaggio di quelli tante volte descritti negli "haiku" da Basho e da altri poeti del passato. Sì, deve essere in qualche modo consolante aspettare la fine del mondo in un luogo simile.

Adesso, carissimo, trasportiamoci a Tokyo in un ristorante di stile giapponese. Siamo a tavola, cioè seduti in terra davanti alla minuta e misteriosa posateria del pasto giapponese. Siamo in una stanza particolare, tra quattro pareti di foglie di carta scorrevoli che filtrano la luce e assicurano intimità, silenzio, serenità. Davanti a noi sta l'illustre storico e saggista Masao Maruyama, autore, tra l'altro, di un libro sul fascismo giapponese degli anni Trenta. Maruyama è un uomo giovanile, nonostante i suoi settant'anni, di una vivacità e comunicabilità rare in Giappone, paese cerimonioso e indiretto. Del resto il suo fervore è pienamente giustificato. È, infatti, uno dei pochissimi intellettuali giapponesi che può parlarci della bomba atomica come di un'esperienza personale: era a Hiroshima quel fatale 15 giugno del 1945 in cui la bomba fu gettata. Ascoltiamolo. "Ero soldato semplice, in un gruppo di stanza a Hiroshima, a 4 chilometri dal centro della città. Quel mattino stavamo tutti in fila, sull'attenti, ad ascoltare il discorso di un giovane tenente sul nostro dovere di batterci fino alla fine per l'Imperatore. Ad un tratto, sono stato abbagliato da una luce fortissima, insostenibile, simile a quella di un lampo di eccezionale intensità. Subito dopo è scoppiato un tuono cupo, enorme, tremendo. Ci siamo buttati a terra; dopo un momento, però, ci siamo rialzati e siamo corsi al rifugio, fuori della caserma. Davanti a noi, c'era una costruzione militare di cemento, in forma di torre; la costruzione appariva tutta sgretolata, con le porte e le finestre divelte; dietro la costruzione, già si vedeva il fungo di fumo dell'esplosione atomica che si innalzava rapidamente nel cielo e allora ho pensato che una bomba nemica avesse colpito un deposito di munizioni che si trovava nella torre e che le munizioni erano esplose. In realtà nessuno capiva nulla; e siccome tutt'intorno c'erano sparsi in terra una quantità di feriti che si lamentavano e andavano soccorsi, lì per lì nessuno seppe pensare a una diversa spiegazione. Intanto il cielo si era fatto buio e dopo un poco da questo cielo nero ha preso a cadere una pioggia nera: la pioggia del *fallout* piena di detriti radioattivi. Abbiamo ricevuto per radio l'ordine di riunirci e fare l'appello; ma non abbiamo fatto in tempo a metterci insieme che ha cominciato ad arrivare la folla dei fuggiaschi da Hiroshima. L'aspetto di questa folla mi ha molto colpito. Erano tutti con i vestiti a brandelli, avevano tutti dei frantumi di vetro conficcati nel cranio, il sangue gli ruscellava sul viso e sul petto. Parevano fantasmi insanguinati e vacillanti, camminavano come ubriachi, le braccia protese in avanti, la pelle delle mani staccata e penzolante dalle dita. Appena entravano nel cortile della caserma, si lasciavano cadere in terra e così ben presto il cortile si è riempito di cadaveri e di feriti e i feriti si lamentavano, chiedevano dell'acqua, piangevano. L'ambulatorio era così affollato di corpi distesi in terra che non si sapeva dove mettere i piedi. Intanto il fungo dell'esplosione torreggiava sempre più alto nel cielo; ci ha messo un'intera giornata a dissiparsi."

Gli chiediamo a questo punto come ha fatto a salvarsi. Risponde: "Lo debbo al fatto che ero il solo a sapere l'inglese. Venne l'ordine per i miei compagni di recarsi in città per i soccorsi; per me di restare dov'ero e captare alla radio i messaggi in inglese. I miei compagni di lì a poco tempo sono tutti morti, per le radiazioni: io mi sono salvato."

Dopo questa descrizione di prima mano degli orrori dello scoppio della bomba, muoviamo a Maruyama le solite domande sulla guerra nucleare. Ecco le domande e le risposte.

D. Cosa si può fare, secondo lei, per evitare il conflitto nucleare?

R. Soprattutto distruggere i miti che circondano l'arma nucleare. In primo luogo il mito che l'equilibrio atomico sia il solo "deterrent" possibile. Come si fa a sapere quando è stato raggiunto l'equilibrio? Altro mito da distruggere è quello della relativa "normalità" della bomba. Si va avanti a forza di eufemismi: guerra limitata, bombardamenti solo su obiettivi militari, teoria del primo colpo, bombe strategiche, bombe tattiche, ecc. ecc. Viene fatto di pensare alla cosiddetta soluzione finale di Hitler che era poi, in realtà, il genocidio di un intero popolo. Cominciò, su questa strada del mascheramento verbale, lo stesso governo giapponese, al momento dello scoppio. Captai alla radio il discorso di Truman nel quale annunziava il lancio della bomba atomica e lo trasmisi subito alle autorità. Ebbene, il nostro quartier generale cercò di "normalizzare" la bomba che Truman aveva or ora descritta e nominata chiamandola nel bollettino di guerra, una "bomba di nuovo tipo".

D. E allora cosa si deve fare?

R. Allora bisogna soprattutto esercitare una pressione dal basso sui capi politici. Se però i capi hanno paura e perdono la testa, allora non c'è rimedio. La stessa informazione, del resto, non è sempre un fatto positivo, può aumentare la paura. Ad ogni modo, però, essa è sempre preferibile all'ignoranza. E poi c'è l'informazione tendenziosa, menzognera, provocatrice che può addirittura scatenare il conflitto. Ha detto Honen, un nostro pensatore del XII secolo: "Molti che predicano il concetto della via sacra, credono che soltanto accumulando profonde conoscenze saremo salvi. E io invece mi oppongo a questo pensiero. Solo riconoscendo che siamo pazzi, possiamo salvarci".

D. Qual è la prima pazzia che dobbiamo riconoscere?

R. Bisogna prima di tutto abolire il nazionalismo che è la nuova religione intollerante del mondo moderno.

D. Cioè arrivare ad una unità planetaria? Ma come possiamo arrivarci? Attraverso l'egemonia di una sola nazione; oppure attraverso l'Onu?

R. Il difetto fondamentale dell'Onu è che è composto di Stati sovrani. Penso che all'Onu dovrebbero esserci due Camere: una Camera alta composta dagli Stati sovrani; e una bassa eletta direttamente dalle popolazioni del mondo intero.

Adesso lasciamo Maruyama e saliamo la scala semovente del grattacielo del grande quotidiano (otto milioni di copie) "Asaki Shimbun". In un'immensa anticamera marmorea, una segretaria graziosa seduta dietro un piccolo desco, ci dice che il prof. Shigeto Tsuru, docente emerito di economia all'università di Tokio, ci aspetta al quarantesimo piano. Ci andiamo. Il prof. Tsuru, di poco più che mezza età, ha l'aspetto inconfondibile insieme serio, urbano e competente di colui che in Italia viene chiamato di solito un'autorità in qualsivoglia materia. Ci accoglie nel suo ufficio; dopo che la segretaria ci ha portato il solito tè verde, lo interroghiamo. Appare subito che il prof. Tsuru è, se non proprio ottimista, almeno speranzoso. Ecco il brano più significativo della nostra conversazione.

D. Secondo lei, ci sono ragioni economiche in fondo alla rivalità tra Usa e Urss?
R. No, non è il problema fondamentale. La cosa più importante è la gara nella politica egemonica. Ma questo non è ancora un motivo sufficiente per fare la guerra. Se la guerra nucleare scoppierà, questo avverrà perché, al contrario delle guerre convenzionali, essa non è del tutto controllabile: scoppierà, cioè, per errore o per incidente. Ad ogni modo, penso che le probabilità di un conflitto nucleare diminuiranno nel futuro perché le due superpotenze tenderanno sempre più a rassomigliarsi per lo meno sotto certi aspetti. Per esempio, c'è già un movimento nel capitalismo per il controllo dell'economia; e, dal canto suo, il sistema socialista tende ad adottare misure che sono proprie dell'economia di mercato. Del resto, il sistema socialista ha messo ormai profonde radici nell'Urss e così l'Urss può prendere in prestito dal capitalismo molte cose senza per questo rinunciare al socialismo.
D. È vero quello che dicono taluni, che il capitalismo produce meglio e il socialismo distribuisce meglio?

R. Il capitalismo certamente produce meglio perché gli industriali hanno la libertà pressoché illimitata di prendere delle iniziative. A sua volta, probabilmente, il socialismo spesso distribuisce meglio perché distribuisce secondo necessità. Ma oggi, da una parte, il capitalismo tende a distribuire in maniera più estesa; dall'altra, il socialismo tende a sua volta a favorire di più l'industria leggera di fronte all'industria pesante.

Ringraziamo e salutiamo il prof. Tsuru e il giorno dopo incontriamo al nostro albergo, il prof. Yoshikazu Sakamoto, segretario generale di "International Peace Research Association" nonché docente di scienze politiche all'università di Tokio. Il prof. Sakamoto è un uomo magro, stringato, elegante dal volto insieme attento e dubbioso. Come il prof. Tsuru, il prof. Sakamoto pensa che la causa eventuale di una guerra nucleare sarà non già la differenza ideologica ormai evaporata e priva di convinzione, ma la lotta sempre più franca e brutale tra Urss e Usa per l'egemonia planetaria. Ecco alcune domande e risposte.

D. La forza, dunque, e non l'ideologia, muove i due sistemi. E allora, come eviteremo un conflitto nucleare?

R. La possibilità di una guerra limitata è minima. Tra l'altro anche in un conflitto con armi convenzionali, le comunicazioni verranno interrotte e allora sarà molto difficile controllare la guerra e non passare dalla guerra limitata alla guerra illimitata. In realtà è indispensabile che i paesi siano governati da uomini prudenti che abbiano il senso dei valori umani. Un certo livello di sanità mentale è indispensabile per evitare la guerra nucleare. Non tutti ce l'hanno. Per esempio, Hitler non l'aveva.

Carissimo, potrei continuare, potrei dirti cosa mi hanno risposto altri influenti personaggi del mondo intellettuale giapponese; ma essi non potrebbero aggiungere molto a quello che ho già riportato e che, a guisa di conclusione, voglio riassumere così:

1. La guerra nucleare non è una guerra tradizionale con vincitori e vinti ma, nel caso migliore, un genocidio e, nel peggiore, la fine della specie cioè del mondo.

2. Regna una sfiducia più o meno spiccata nei riguardi dei potenti politici e militari. Generalmente, vale per i potenti quello che si legge in proposito nella relazione della "Indipendent Commission on Disarmament and Security" presieduta da Olof Palme. Dice la relazione: "In certo grado, questi sviluppi testimoniano l'emergenza di una certa familiarità con i pericoli del conflitto nucleare e il conseguente compiacimento nei riguardi della situazione presente". La tendenza è soprattutto pronunziata tra i militari, gli scienziati, i diplomatici e i politici che sono costretti ad occuparsi professionalmente dei pericoli nucleari. Nessuno, secondo noi, può al tempo stesso pianificare la guerra nucleare e veramente prevedere gli spaventevoli eventi che si verificherebbero se questi loro piani fossero messi in atto. La mente provvede alla tranquillità individuale considerando la guerra nucleare soltanto in maniera superficiale oppure meccanica.

3. Invece quasi tutti i miei interlocutori sono favorevoli ad una vasta e profonda presa di coscienza pacifista da parte delle masse che poi sarebbero le prime vittime di un conflitto nucleare. Questa presa di coscienza andrebbe ottenuta con tutti i mezzi possibili e con tutte le precauzioni democratiche del caso. A sua volta essa potrebbe influire sull'irresponsabile automatismo dei potenti.

La conclusione ti sembrerà forse un po' disperata. Ma soltanto disperando, si può arrivare a sperare.

(*L'Espresso*, 28 novembre 1982)

LA PACE SIA CON NOI

Mentre leggo sui giornali le notizie non sempre confortanti sullo svolgimento della marcia per la pace Pavia-Comiso, mi vien fatto di pensare al professor von Ossiestzky. Carl von Ossiestzky era un personaggio importante del pacifismo degli anni Trenta. Collaboratore del "Deutsche Friedengesellschaft" (Associazione tedesca per la pace) nel 1931 fu imprigionato per la sua attività di pacifista dalle autorità della Repubblica di Weimar con l'accusa di "alto tradimento di Stato". L'anno dopo (1932) venne liberato per amnistia ma soltanto per essere di nuovo arrestato, questa volta dai nazisti, in occasione del provocatorio incendio del Reichstag. Ossiestzky viene chiuso a lungo in un lager. Riceve il premio Nobel per la pace, ma non per questo esce dal lager. I nazisti ve lo terranno fino al 1938. In quell'anno verrà liberato ormai moribondo per i maltrattamenti e morirà. Perché parlo di Ossiestzky? Perché in un libro sui crimini nazisti c'è una fotografia che mi pare significativa del modo con il quale si intendeva il pacifismo in quegli anni lontani. Nella fotografia, ovviamente scattata da un nazista, si vede Ossiestzky vestito da forzato in atteggiamento rispettoso di fronte ad un enorme nazista in uniforme che lo sta interrogando. La fotografia è significativa perché ri-specchia un certo sentimento diffuso tra le masse nei riguardi del pacifismo; cioè come di un movimento ri-spettabile ma in qualche modo debole cioè negativo di fronte a quella cosa forte e dunque positiva che è la guerra.

Ora, se oggi si vuole che il mondo non perisca nella catastrofe nucleare, bisogna che il pacifismo, nella con-siderazione delle masse, diventi una forza. E che inve-ce lo spirito che potrebbe portare al conflitto atomico appaia, con il suo miscuglio di confusione, di paura, di superstizione, di ipocrisia e di automatismo, come una debolezza cioè come una cosa negativa. In altre parole, il pacifismo dovrebbe diventare una forza politica con la quale fare i conti, meglio e più del disperato bellici-smo di questi anni atomici al quale si contrappone. Comunico queste riflessioni a I.K., uomo politico giapponese di una colorazione non tanto diversa dai nostri radicali, che ho conosciuto nella sua casa di Ka-makura. È un uomo piccolo, magro, con una larga fac-cia piatta e piena di tic. Parla con lentezza e precisione, tra un tic e l'altro.

Gli domando: lei dice di essere d'accordo sul fatto che il pacifismo deve diventare. una forza politica. Perché pensa questo?

"Perché la lotta per l'egemonia planetaria tra Usa e Urss," mi risponde I.K., "è basata sulla forza. Perché tutte le alleanze così della Nato come del Patto di Var-savia sono basate sulla forza. Nessuna nazione minore dell'Ovest e dell'Est ha un interesse così vitale in pro-prio da preferire la morte nucleare all'egemonia dell'una o dell'altra superpotenza. Se la ragione potes-se prevalere sulla follia Usa e Urss dovrebbero lasciar li-beri i loro alleati europei ed asiatici e nell'eventualità per nulla improbabile di una guerra, combattersi 'con-venzionalmente' sui loro confini, cioè nell'Artide, nell'Alaska, in Siberia e 'nuclearmente' dovunque gli pare sui loro rispettivi territori. Usino pure la forza ma tra loro. Invece la forza viene usata ovunque. Allora, visto che si tratta di forza e soltanto di forza, il pacifismo deve essere a sua volta una forza, voglio dire una forza politica."

D. Che cos'è una forza politica?

R. Un partito, un movimento di massa, una struttura insomma, bene organizzata e capace dunque di capire.

D. Ho finito adesso di leggere il "Report of the Indipendent Commission on Disarmament and Security Issues". Si tratta del rapporto della Commissione per il disarmo presieduta da Olof Palme. Il rapporto, assolutamente pacifista, non prende però in considerazione la trasformazione del pacifismo in movimento politico di massa, bensì raccomanda semplicemente un accordo tra i dirigenti delle due superpotenze per un progressivo disarmo sia in senso quantitativo sia in senso qualitativo.

R. Ho letto anch'io la relazione. Ma credo che ogni accordo per il disarmo dovrebbe essere preceduto da un accordo politico. Ora l'accordo politico tra Usa e Urss non pare almeno per ora una cosa fattibile.

D. E allora cosa bisogna fare?

R. Trasformare il pacifismo in un grande movimento politico cioè in una forza capace di influenzare, ricattare, mettere con le spalle al muro i governi.

D. Come faranno le masse pacifiste a "ricattare" i governi?

R. Con tutti i mezzi legali e, se i governi useranno la forza per opporsi al pacifismo, illegali.

D. C'è una difficoltà. A Ovest, il "ricatto" delle masse è più o meno possibile. Ma ad Est? Teoricamente e ufficialmente i paesi dell'Est sono favorevoli al disarmo nucleare. In pratica un movimento del genere, in questi paesi, non ha alcuna possibilità di formarsi e di crescere. E allora?

R. Allora il tempo darà una risposta. Col tempo

non soltanto vengono risolti i problemi ma perfino le utopie diventano realtà. L'Urss non sarà sempre com'è oggi. Non credo che le idee possano vincere da sole; ma le idee che si alleano con gli interessi umani, queste sì hanno vinto spesso nella storia. Oggi l'idea del disarmo si trova alleata con l'interesse della sopravvivenza della specie. Quest'interesse dovrebbe risultare superiore ad ogni altro, da quelli che sono propri degli Stati sovrani a quelli economici, ideologici, sociali eccetera. Un altro elemento favorevole alla campagna per il disarmo è il fatto che il mondo è sempre più unificato da una rete grandiosa e nuovissima di mezzi di comunicazione. Anche se non c'è ancora una presa di coscienza planetaria del pericolo nucleare, è indubbio che gli strumenti per questa presa di coscienza esistono già e non fanno che crescere di numero e di efficienza. Infine, ultimo elemento non disprezzabile, è che le due superpotenze tendono sempre più a rassomigliarsi. Così che col tempo la loro rivalità finirà con l'attenuarsi e perfino la lotta per l'egemonia mondiale potrà sembrare superata.

D. Vogliamo dire che se non ci sarà una guerra nucleare nei prossimi vent'anni, non ci sarà più guerra nucleare affatto?

R. Diciamo pure così.

Dopo questa conversazione, mi viene fatto molto naturalmente di pensare all'Italia (non è forse il nostro paese uno fra i tanti che non ha in gioco interessi così vitali da preferire la morte nucleare all'egemonia dell'una o dell'altra superpotenza?). Mentre il Giappone, insieme con gli Stati Uniti è il paese che ha più acuta coscienza del pericolo nucleare, l'Italia è il paese che ce l'ha meno. L'Italia è il paese d'Europa e forse del mondo dove si sa meno e ci si preoccupa meno della bomba. Perché questo? Forse perché, come è stato detto da qualcuno, gli italiani si fidano dei governanti che hanno eletto democraticamente e lasciano ad essi la responsabilità della scelta nucleare? Ma questa stessa fiducia, gli italiani non la dimostrarono forse nei riguardi della dittatura di Mussolini, con il risultato che sappiamo? In realtà gli italiani fecero male a fidarsi ieri e fanno male a fidarsi oggi. Per quanto riguarda, infatti, la bomba, i governi eletti in Italia con libero voto si sono comportati con ben poco riguardo per l'opinione pubblica. E così in Europa, oggi, l'Italia è seconda soltanto alla Germania federale per numero e potenza di basi atomiche. Certo, anche i cittadini polacchi, ungheresi, rumeni, bulgari, ecc. ecc., non sembrano preoccuparsi troppo della polveriera nucleare sulla quale stanno seduti. Ma con questo? Non è consolante che un cieco sappia che non è solo a non vederci. Semmai è da augurarsi che un giorno non troppo lontano tutti i ciechi senza eccezione riacquisteranno la vista.

(*L'Espresso*, 12 dicembre 1982)

GERMANIA ANNO MILLE

Nell'ottobre del 1982, su invito della Japan Foundation, mi ero recato in Giappone. Mi ero messo d'accordo con *L'Espresso* per condurre nel primo e, speriamo, ultimo paese che ha conosciuto la guerra nucleare, un'inchiesta su l'arma atomica. Avevo intervistato uomini di religione, intellettuali, scienziati. Il risultato era stato accolto con favore dal pubblico italiano. Ora sia ben chiara una cosa. Questo favore era dovuto al fatto che, mettendo in atto l'inchiesta sulla guerra nucleare, io non avevo in mente di fare del giornalismo, cioè di fornire delle informazioni più o meno obiettive ed esatte. No, io semplicemente, fin dal primo momento che ho preso coscienza dell'orrore nucleare, ho desiderato di fare qualche cosa per "abolire" l'arma atomica. In realtà non si può fare del giornalismo sulla bomba atomica: si può soltanto lottare contro questa peste con i mezzi che si hanno a disposizione. Sono uno scrittore e mi è sembrato naturale servirmi della scrittura per combattere una guerra di liberazione dalla guerra. I lettori dell'*Espresso* hanno probabilmente sentito questo; di qui il successo dell'inchiesta. Adesso ho portato a termine la stessa inchiesta in Germania. Perché la Germania? Perché la Germania è un paese di grande tradizione militare e di grande tradizione filosofica: e la bomba atomica, in maniera estrema ed esemplare è ambedue le cose: un problema militare e un problema filosofico o se si preferisce un problema religioso.

Sono partito in marzo, dopo aver fissato tre incontri con tre generali: Wolf von Baudessin, fino al 1972 tenente generale, capo del reparto Innere Fuhrung e capo dello Shape. Gert Bastian, generale di cavalleria motorizzata a riposo; Wolfgang Altenburg, capo di stato maggiore in carica dell'esercito tedesco; nonché quattro civili altamente qualificati: Ernst Jünger, scrittore; Richard Beneke, fisico del Max Planck Institut; Carl Wolfgang von Weizsäcker, fisico e filosofo; e il fratello di quest'ultimo Joachim, borgomastro di Berlino.

Il primo generale che ho intervistato è Wolfgang Altenburg, attualmente in carica come generale comandante in capo dell'esercito della Germania federale. Vado a trovarlo a Coblenza, dove ha il suo quartier generale. Coblenza, il cui nome evoca il legittimismo francese dei tempi della rivoluzione, allinea lungo il poetico Reno una quantità di caserme, probabilmente guglielmine, ma restaurate e aggiornate, che danno alla città un'aria monastica e severa: a Coblenza ci sono più soldati che civili. Il generale Altenburg ci riceve in uno dei tanti edifici militari, in un salottino nella sede del comando. È un uomo dall'aspetto giovanile, molto alto e con le spalle larghe. Su queste spalle sta posata una testa rotonda, che, sia per il taglio e il colore dell'uniforme, sia per l'espressione aperta e cordiale, fa pensare a un americano di origine tedesca. Il generale ed io non siamo soli: oltre al mio compagno Sebastiano Schadauser, c'è un colonnello che è venuto a prenderci in macchina a Bonn, un altro militare, un fotografo. Ecco l'intervista.

D. Secondo lei cos'è, in realtà, l'arma atomica? E

non crede che l'arma atomica sia oggi il problema più terribile, tra i tanti che angosciano oggi l'umanità?

R. Per mezzo delle armi nucleari non si possono certamente risolvere i problemi dell'umanità; esse stesse sono aspetti dei problemi creati dall'uomo. Il nostro scopo principale deve essere di risolvere i conflitti con mezzi pacifici. In questo momento però ciò è possibile soltanto con un sistema di intimidazione basato sulle armi nucleari.

D. L'arma atomica sembra sfuggire al controllo della ragione, tanto è vero che una rivista americana ha intitolato un'inchiesta sulla guerra nucleare: "Pensando l'impensabile". È questo anche il suo parere?

R. Se l'arma nucleare sfuggisse al controllo, senza dubbio il mondo sarebbe in pericolo. Ma il significato militare e politico dell'arma nucleare sta proprio in questo: essa rende più efficace l'intimidazione e dissuade dal fare guerre. L'immensa forza distruttiva dell'arma nucleare non dovrebbe portare a pensare l'impensabile; dovrebbe provocare invece una svolta radicale del pensiero: la guerra non è più un mezzo della politica, la possibilità stessa di una escalation non controllata è la prova che la guerra non è più fattibile. D'altra parte anche con un disarmo totale il sapere tecnico verrebbe conservato: il ritorno dell'umanità all'innocenza nucleare non è dunque possibile, il pericolo di una minaccia nucleare potrebbe ripresentarsi ad ogni momento. Naturalmente si deve cercare non soltanto di evitare la guerra nucleare, ma anche qualsiasi guerra, specialmente le guerre convenzionali che avrebbero per noi europei, effetti tali da minacciare la nostra stessa sopravvivenza.

D. Secondo lei è ancora valida la teoria del "deterrent" ossia della pace ottenuta con il vicendevole terrore?

R. Secondo quanto si può umanamente giudicare, il pericolo di una guerra fra potenze nucleari è stato ridotto. E questo per la buona ragione che nessuna potenza nucleare può illudersi di vincere una tale guerra. Però non ci dobbiamo accontentare di questo risultato; le trattative per il controllo dell'armamento debbono essere proseguite perché con esse è aumentata la reciproca convinzione circa la necessità di una strategia di sicurezza e l'urgenza di arrivare ad un armamento equilibrato che sia fissato ad un livello molto basso. Si deve anche riflettere sul ruolo che avrebbero le armi nucleari, nel caso non impossibile che potenze nucleari venissero coinvolte in una guerra per motivi diversi da quelli che riguardano la loro convivenza. In questo caso, attraverso la limitazione delle armi atomiche, se ne renderebbe possibile un uso ridotto che funzionerebbe da ammonimento politico per convincere l'aggressore a desistere dalla guerra. Con questo si raggiungerebbe lo scopo di: 1) ripristinare l'intimidazione, 2) convincere l'aggressore dei rischi di un'ulteriore escalation e costringerlo a rientrare nei suoi confini, 3) finire la guerra e ritirarsi…

D. Le armi hanno più importanza militare o politica?

R. Le armi sono mezzi politici e non armi da combattimento per militari professionisti. Il loro uso dipende esclusivamente dalla deliberazione politica.

D. Lei dunque ha fiducia nell'uso politico dell'arma nucleare?

R. Io parto dall'idea che la dissuasione funzionerà anche in futuro e che grazie ad essa verranno evitate in Europa così le guerre nucleari come le guerre convenzionali.

L'intervista al generale Altenburg molto probabilmente riflette il punto di vista ufficiale e come tale si commenta da sé. Semmai è interessante notare che in questa intervista c'è una chiara eco delle teorie di Carl von Clausewitz sulla guerra. Che dice in sostanza Clausewitz? Che, teoricamente, la guerra dovrebbe consistere nella distruzione del nemico: ma che nella pratica questo scopo non è mai raggiunto perché in realtà lo scopo vero della guerra è politico, cioè in guerra vengono perseguiti con altri mezzi gli scopi politici del tempo di pace. In conclusione, per Clausewitz la guerra è un rapporto "organico" tra le due parti, rapporto sempre diverso e sempre complesso, molto simile a qualsiasi altro rapporto umano che non comporti la pura e semplice soppressione fisica dell'avversario. Ora la bomba atomica smentisce tutto questo: essa non può portare che allo sterminio del nemico. E tanto più porta allo sterminio in quanto essa è brandita da due ideologie opposte e inconciliabili che vogliono la morte l'una dell'altra. Di fronte alla bomba e al contrasto capitalismo-comunismo Altenburg cerca di ricorrere al metodo di Clausewitz, cioè di trasformare proprio la impossibilità di un rapporto tra le due parti in un rapporto come un altro da articolare, sviluppare, trattare, manipolare, controllare. Insomma: un non-rapporto è pur sempre un rapporto sempre che si riesca a evitare la guerra cioè a "far passare il tempo". In altri termini e ancora più brevemente il problema sarebbe: come convivere col proprio nemico senza uccidere e senza venirne uccisi.

L'intervista successiva è quella con Wolf von Baudessin. Il generale, che non è più in carica e dirige un istituto di ricerche sulla pace e sulla conflittualità, si trovava in vacanza a Montana, in Svizzera. Mi sono recato dunque a Montana per la strada del Sempione che era ancora inverno, col ghiaccio sull'asfalto e la neve che sferzava il parabrezza e sono arrivato in quella stazione climatica in piena atmosfera sportiva. Il generale mi riceve nella camera che occupa con la moglie in un residence. È magro ed elegante, con una testa di uccello rapace dal cranio alto, dai capelli grigi spioventi fino al collo, dal profilo aquilino che pare mordere all'aria. Di faccia, curiosamente, questo volto stretto e autoritario si decompone in quello tormentato e dubbioso di un personaggio di Cecil Bacon. Ecco il colloquio.

D. L'arma atomica ha introdotto nella guerra un elemento nuovo che la ragione non riesce a controllare. Che cos'è, secondo lei, in realtà l'arma atomica?

R. Se si crede che in politica possa esistere un senso di razionalità, allora proprio l'effetto terribile della bomba atomica può costringere la politica ad agire razionalmente. Direi anzi che la bomba atomica ha introdotto nel mondo un significato nuovo; la prima arma nella storia dell'umanità che non soltanto ha cambiato la tattica sul campo di battaglia ma anche la base della politica. Essa ci costringe a pensare in maniera diversa da come pensavamo nel passato. In maniera conseguenziale. Le due guerre mondiali del '14 e del '39 hanno dimostrato quanto è difficile risolvere i conflitti con le armi. In queste due guerre non ci sono stati vincitori. E nessuna di esse ha risolto il conflitto per cui era stata scatenata. Al contrario hanno provocato nuovi conflitti. Ciò è stato evidenziato ancora più dalla bomba atomica. Non si può più credere, come credeva Clausewitz e come crede ancora oggi l'Unione Sovietica che, se si ha il comandante migliore, la disciplina migliore e uno spirito migliore nelle truppe, si può vincere la guerra con un attacco a sorpresa. Oggi un computer può dimostrare cosa sarebbe il mondo intero dopo un mese di guerra, specialmente nell'Europa che ha una così grande popolazione. Quindi dobbiamo assolutamente accrescere la nostra capacità di risolvere i conflitti senza ricorrere alla guerra. Non credo che attraverso la pura protesta si possa avere un mondo senza guerra, e questo perché gli umori dei popoli sono estremamente mutevoli. Bisogna partire dal fatto che dovunque ci sono degli uomini c'è conflittualità. E anche sapere che nessun conflitto possa esser risolto dall'oggi al domani, cosa molto difficile da accettare in un mondo così impaziente come il nostro. E contemporaneamente bisogna sapere che, preso in tempi lunghi, il conflitto va risolto per forza in modo "nonviolento", senza l'autodistruzione totale. Ora, questi principi così razionali ed esenti da emozioni dovrebbero essere prima di tutto stabiliti da una élite politica e scientifica per essere, quindi, in un secondo momento, pianificati sistematicamente.

D. Nella relazione della commissione di studio sul problema nucleare presieduta da Olof Palme è affermato che i gruppi elitari direzionali cioè i politici, i militari, gli scienziati sono ormai chiusi in un linguaggio astratto senza alcun rapporto con il reale. Lei, invece, ha fiducia nell'élite. Cosa pensa di quell'affermazione del rapporto Palme?

R. Non sono d'accordo: chiunque si occupi del problema nucleare a cominciare proprio dalle élites non può fare a meno di sapere con esattezza cosa significherebbe oggi una guerra moderna in Europa, continente altamente industrializzato. Credo invece che molti membri della Commissione di Palme minimizzino il problema della guerra convenzionale. Noi non dobbiamo agire come se il problema della guerra nucleare fosse l'unico pericolo. Ogni guerra, anche convenzionale, è terribile, soprattutto per chi la vive; una guerra convenzionale in Europa sarebbe altrettanto distruttiva dopo giorni, settimane e mesi, che una guerra nucleare dopo minuti e ore. E le élites hanno un ruolo importante in questo momento. Posso credere che i movimenti di massa portino alla lunga al superamento della violenza armata; ma con sicurezza non portano a proposte politiche che rendano possibile, a breve termine, questo superamento.

D. Il ministro americano Weinberger ha detto che si continuano e continueranno a costruire armi nucleari allo scopo di averne a sufficienza, dopo la guerra e le conseguenti centinaia di milioni di morti, per poter trattare una pace favorevole. Che cosa ne pensa lei?

R. A me non importa quanti di questi "mostri" esistono perché non sono pericolosi finché una nazione non ha la possibilità del primo colpo. Ma io credo che per motivi economici e per motivi di tensione sia ne-

39

cessario controllare le armi nucleari e convenzionali pianificandone così la quantità come la qualità. È mia convinzione che se non ci fossero le armi nucleari il processo di avvicinamento tra le due superpotenze non porterebbe a quella cooperazione che è indispensabile alla riduzione progressiva delle armi stesse. Bisogna organizzare il controllo preventivo degli armamenti prima ancora della produzione di nuove armi.

D. Non crede lei che le trattative servono soprattutto a far passare il tempo senza che scoppino guerre?

R. Sì, ma questo tempo deve essere impiegato per la pace.

D. Non crede che se, per vent'anni, non viene lanciata una bomba atomica, allora non verrà mai più lanciata? Ci sono due cose: i mali e i rimedi. I rimedi vengono sempre trovati troppo tardi. In altri termini quello di cui abbiamo bisogno è il tempo; quello che manca è il tempo. Che ne pensa lei?

R. Naturalmente siamo messi sotto pressione dal fattore tempo, perché la bomba atomica ci costringe ad affrontare in fretta problemi ai quali non eravamo abituati. Ma a mio avviso, l'arma atomica non è il vero problema che ci sovrasta; soprattutto mi spaventa nelle discussioni sul disarmo il fascino esercitato da quest'arma inutilizzabile, il quale fa sì che si tralasci di fare realmente qualcosa per evitare conflitti. Un simile accordo fu offerto nel doppio trattato di Bruxelles.

D. Non le pare che la fine del mondo ha sempre esercitato un grande fascino sull'umanità? C'è tutta una cultura sulla fine del mondo.

R. Sì, la fine del mondo affascina l'umanità. Ma per fare finire il mondo non c'è bisogno della bomba atomica, come dimostra il passato. Con un po' di cattiveria, debbo constatare che almeno in Germania i movimenti per la pace tendono a militarizzare i problemi politici.

D. Non crede che si debba scegliere o movimento di massa per la pace o trattativa ad alto livello?

R. D'accordo. Solamente che l'impazienza dei movimenti di massa dimostra incapacità di convivere con il conflitto e perciò incapacità di pace.

D. Non crede che la massa vuole semplicemente la pace?

R. Qui si deve dire che cosa sia la pace: la pace comunista è diversa dalla pace come la intendiamo noi altri occidentali.

D. Ha detto Schopenhauer: l'uomo "s'illude di essere immortale perché di fronte alla morte cessa di sentirsi individuo e diventa membro della specie", ora la bomba atomica minaccia la specie; di qui la disperazione della specie, cosa ne pensa lei?

R. Sono d'accordo. Allo scopo di mantenere questa disperazione ho proposto una serie di proposte razionali che mirano a trovare delle possibilità di convivenza in un mondo diviso dai conflitti. Considero negativa la politica consistente nel cercare degli alleati allo scopo di intimorire, come avviene ora in Germania.

D. Non crede che l'arma atomica sia un'arma di ricatto?

R. Naturalmente lo è ma di fatto lo sono tutte le armi.

D. Sì, ma non c'è rimedio contro l'arma nucleare. O lei pensa che ci sia?

R. Ma anche contro un missile che abbia una testata convenzionale non c'è possibilità di contromisura. La bomba atomica è soltanto un esempio molto efficace di che cosa è possibile oggi a livello di armamento moderno, sia esso armamento nucleare o chimico o biologico o convenzionale.

Ancora una cosa della massima importanza; si intende che, a livello tecnologico, l'arma nucleare è ovviamente una maledizione. Ma può anche essere considerata una grazia del Cielo elargita provvidenzialmente all'uomo affinché rifletta seriamente sul suo destino. Spesso si dimentica, almeno qui in Germania, che una crisi può anche essere una crisi salutare.

D. È giusto, gli uomini debbono pensare alla morte; è un dovere filosofico. Ma come pensarci se coloro che dovrebbero farlo, vengono nel frattempo distrutti dall'arma nucleare?

R. Questo dipende da noi!

Su questa frase al tempo stesso pessimista o ottimista finisce l'intervista con il generale von Baudessin. Quella stessa sera, rileggendo le note prese durante il colloquio, cerco di isolare le idee di von Baudessin dalle tante cose che ci ha detto. E mi pare di poterne indicare principalmente due, l'una mondana e l'altra, diciamo pure, religiosa. La prima si esprime nella diffidenza del generale nei riguardi dei movimenti pacifisti di massa e della capacità politica delle masse. Secondo von Baudessin il quale, pur tuttavia, è un sincero fautore dell'abolizione dell'arma atomica, le trattative per limitare e alla fine mettere al bando gli armamenti nucleari dovrebbero svolgersi ad un altissimo livello, proprio tra quei politici, quei militari e quegli scienziati che la Commissione Palme accusa di essere rinchiusi in un linguaggio astratto privo di qualsiasi rapporto con la realtà. Insomma l'idea aristocratica e quasi medievale di von Baudessin è che la guerra sia una specie di torneo e che ciò che occorre è soprattutto stabilirne le regole contrattive elitarie, senza permettere alle masse di intromettersi in alcun modo. Solo che questa idea di regolare la guerra come un torneo ossia come un "wargame", potrebbe finalmente portare a mettere "fuori gioco" tutte le armi "scientifiche" e cioè l'arma atomica, l'arma chimica e l'arma biologica.

Una seconda idea, invece, riguarda tutta l'umanità, élite e masse. Secondo questa idea di origine chiaramente religiosa, la bomba atomica è un dono ambiguo della divina Provvidenza; può distruggere l'umanità ma può anche e soprattutto indurla a riflettere profondamente sulla vita e sulla morte, su ciò che è bene e su ciò che è male. Di qui l'idea implicita di un'utilità spirituale della bomba, come se l'eventuale Pol Pot o Hitler che potrebbe lanciarla fosse un mezzo di cui si serve Dio per ricondurci sulla retta via.

(*L'Espresso*, 22 maggio 1983)

ENTRO DIECI ANNI CI SARÀ LA GUERRA ATOMICA

Monaco di Baviera

Carl Wolfgang von Weizsäcker abita nei pressi del lago di Starnberg, non lontano da Monaco, in un quartiere che mi dicono lussuoso, per lo meno di quel lusso tra tutti moderno, che consiste nel silenzio, nella solitudine e nella mancanza di traffico. La casa è a un piano solo, di tipo nordico e razionale. A quanto pare i terreni in questo quartiere residenziale sono carissimi; al valore del terreno, nel caso di Weizsäcker bisogna aggiungere l'esistenza di un rifugio antiatomico di tre vani o quattro dotato di tutte le comodità e di tutti i ritrovati scientifici del caso anch'esso costosissimo. Weizsäcker è piccolo e molto disordinato. Weizsäcker presenta qualche strana somiglianza con l'immortale personaggio di Dickens, il signor Pickwick; è un po' pingue e rotondo, con una testa di intellettuale universitario anglosassone. Soltanto gli occhi, di un blu cupo, hanno una loro durezza germanica. Risponderà direttamente soltanto alle prime tre domande scritte. Quindi parlerà, apparentemente a caso, in realtà con metodo. Sarà fluente, impegnato e dialettico. Non senza una specie di affanno ipocondriaco, come continuamente consapevole della gravità dell'argomento.

D. Per il futuro, lei cosa si aspetta?

R. Ritengo molto probabile che l'arma nucleare venga usata nei prossimi dieci anni. Non è certo, ma molto probabile.

D. Perché si aspetta che la bomba verrà usata nei prossimi dieci anni?

R. Perché non vi è alcun esempio storico che una nazione abbia rinunciato all'uso di un'arma nuova ed efficace spontaneamente per motivi non militari.

D. In Giappone, nel sedicesimo secolo, la classe dirigente decise che il paese doveva isolarsi. Distrussero le imbarcazioni che potevano arrivare in Cina; il Giappone, isolato per circa tre secoli, rinunciò al progresso, per conservare un certo tipo di vita, una certa idea dell'uomo. Non pensa lei che potremmo per la prima volta nella storia, rifiutare una nuova arma proprio perché abbiamo una certa idea dell'uomo che altrimenti, non riusciremmo a conservare e trasmettere? Non pensa lei che questa potrebbe essere la ragione per cui il generale Eisenhower al tempo della guerra nel Vietnam, mise il veto al lancio della bomba su Dien Bien Phu consigliato dai militari?

R. Eisenhower è stato un generale molto intelligente che sapeva il suo mestiere. Perciò agì in modo razionale, o meglio ragionevole. Ma, nel frattempo, sono passati venticinque anni e le armi nucleari per gli impieghi speciali sono state enormemente sviluppate. Oggi esistono molte e diverse armi nucleari per usi limitati. Non credo che si potrà sempre evitare quest'uso limitato il quale, peraltro, non distruggerà l'umanità e nemmeno la nazione che vi ricorrerà.

D. Non crede che in una guerra nucleare, anche limitata, al primo colpo verrebbe distrutto il sistema di comunicazione così che la gente sarebbe abbandonata a se stessa?

R. Tecnicamente non dovrebbe essere così. Facciamo un esempio; poniamo il caso che il potere di Khomeini in Iran si sgretoli, non è certo ma è possibile, e poniamo anche il caso che l'Unione Sovietica sia convinta che questo sia il momento buono per aiutare il partito comunista a prendere il potere. A questo punto gli americani non potrebbero opporre che le armi nucleari limitate cioè bombe più piccole di quella di Hiroshima che, del resto, non verrebbero gettate sulle città, ma contro i carri armati dei sovietici e ucciderebbero, diciamo, 20.000 militari e altrettanti civili.

D. Non crede che i morti "potrebbero" essere enormemente più numerosi?

R. Ho già detto: tecnicamente, no. Naturalmente volendo si possono uccidere 20.000.000 di persone; ma se i carri armati entrano in Iran dal deserto non verranno uccisi che i militari dentro i carri. Se con la bomba si distruggono, poniamo cento carri, allora resteranno uccise 300 persone, non di più.

D. Allora che senso ha adoperare l'arma nucleare invece del convenzionale tritolo?

R. Le darò uno scenario. Se i sovietici entrano in Iran con i carri armati e gli americani usano cinque di queste bombe e annunziano che, se sarà necessario, ne useranno altre cinque, non è impossibile che la mattina seguente la guerra sia finita e che sovietici e americani siedano insieme al tavolo dei negoziati.

D. Non crede lei di essere pessimista sulla eventualità della guerra e ottimista sul risultato della guerra?

R. Non sono un ottimista in nessun senso. Presumendo che le cose andassero come ho detto, cinque anni dopo scoppierebbe un'altra guerra con uso di armi nucleari, un'altra tre anni dopo questa e così via. Ma proprio per questo coloro che invocano l'abolizione totale delle armi nucleari con l'argomento che le guerre nucleari limitate sono impossibili, fanno sorridere i militari i quali sanno che non è così.

D. Non crede lei che vi sia anche un aspetto filosofico da considerare? La guerra nucleare non colpirebbe soltanto i tedeschi o i russi o gli americani, ma l'intera specie umana che di conseguenza cesserebbe di essere immortale. Ora l'uomo ha bisogno di credersi immortale.

R. Il suo problema filosofico è molto interessante ma, poiché nel proporlo lei usa alcune frasi sulle quali non sono d'accordo per motivi tecnologici, è mio dovere affermare il mio disaccordo. Dunque direi che una guerra nucleare tra Unione Sovietica e Stati Uniti, iniziata con lo scopo di vincere, non so se verrebbe vinta da una delle due parti o dai cinesi che non vi prenderebbero parte, ma tale guerra, secondo una mia stima, ucciderebbe circa 100 milioni di persone in America e circa 100 milioni di persone in Unione Sovietica. Poiché la maggior parte delle persone rimaste vive morirebbe di fame e di radioattività, perirebbero dunque altri 100 o 200 milioni di individui. Ma la fame si estenderebbe a tutto il globo come conseguenza del crollo del mercato mondiale e ucciderebbe altri 3 miliardi di persone. Sopravvivrebbe dunque un miliardo di persone le quali certamente saprebbero mandare avanti la civiltà.

D. Non crede che sarebbe la fine del mondo?

R. No, perché?

D. O per lo meno la fine del mondo come lo conosciamo noi?

R. Vediamo. La guerra dei trent'anni in Germania uccise circa il cinquanta per cento della popolazione. Questo non impedì alla cultura tedesca di diventare egemonica in Europa cento anni dopo.

D. Ma la Germania fu la sola nazione ad essere distrutta; la Francia, l'Italia e la Spagna restarono indenni. Questo significa che in Germania si salvarono le radici della civiltà. Non crede lei invece che se 100 milioni di americani e 100 milioni di russi morissero questo significherebbe che la civiltà occidentale sarebbe sradicata profondamente e per sempre?

R. Io parto dal presupposto che ci sia qualcuno che voglia vincere la guerra, e chi vuole vincere la guerra vuole sopravvivere. Per questo motivo chiunque vincerà la guerra, sia esso russo o americano o cinese, certamente non comincerà a distribuire la radioattività sull'intero pianeta, così da sterminare la totalità del genere umano.

D. Crede che la guerra nucleare sia dentro o fuori della logica della nostra storia? Dobbiamo considerare l'arma nucleare come una malattia della nostra storia oppure come un caso?

R. Personalmente, penso che la nostra storia porta ad una probabilità di guerra nucleare. Eccone i motivi: finora nessuna cultura è stata capace di abolire la guerra; finora nessuna cultura ha rinunziato ad usare le armi. È vero che abbiamo usato i gas velenosi nella seconda guerra mondiale; ma è anche vero che nessuna delle due parti usandoli poteva sperare di cambiare il risultato della guerra. Ma nel caso della grande battaglia finale fra sovietici e americani per l'egemonia mondiale, nella quale ognuno dei due contendenti saprebbe che perdere la guerra significherebbe la fine di tutte le speranze, mi sembra molto improbabile che la parte perdente non faccia uso delle armi nucleari. Pertanto direi che ci dobbiamo aspettare una guerra nucleare a meno che non riusciamo a eliminare tutte le guerre e prima di tutto quella fra le superpotenze. Quanto alla causa profonda della guerra nucleare, io penso che se la civiltà è così buona come sostiene di essere e come pensano che sia i suoi difensori, allora la civiltà stessa dovrebbe abolire la guerra. In realtà la guerra nucleare è una conseguenza logica e naturale della nostra civiltà; ma una conseguenza che forse è possibile evitare. Per evitarla, poi, sono più favorevole ad un pacifismo assoluto che ad un tentativo di abolire le armi nucleari. Penso che la "non violenza" di Gandhi potrebbe avere un futuro.

D. Non crede che le superpotenze dovrebbero compiere il primo passo abolendo alcune armi nucleari? Abbiamo bisogno di un primo passo. Il primo passo potrebbe invertire la direzione.

R. Non sono d'accordo. Ecco invece ciò che considero possibile: il presidente Reagan vuole essere eletto e, poiché la base popolare è contro le armi nucleari, egli viene rieletto soltanto nel caso di un successo della politica del disarmo. Nello stesso momento il signor Andropov si trova in grosse difficoltà coi problemi della gente che non lavora, della corruzione e, insomma, del sistema burocratico preso nel suo insieme. Così anche lui è probabilmente favorevole a fare un passo verso il disarmo. Allora le due superpotenze si mettono d'accordo per ridurre il numero delle armi.

D. Allora lei non pensa che la meta ultima del disarmo totale sarebbe raggiunta?

R. Penso che le due superpotenze si siederebbero al tavolino delle trattative per motivi di politica interna, nel senso della continuazione dei rispettivi regimi dei due paesi.

D. La Germania non ha armi nucleari; se l'Unione Sovietica attacca, crede lei che l'America aiuterebbe la Germania?

R. La mia impressione personale è che se gli americani continueranno ad avere il tipo di governo attuale, col Pentagono e il Dipartimento di Stato diretti dalle stesse persone, accadrà una di queste due cose: o gli americani rimangono in Europa e decidono di difenderla oppure decidono che non vale lo sforzo ed è troppo pericoloso e quindi se ne vanno.

D. Non crede che se gli americani perdono l'Europa, a loro volta sono perduti?

R. Oggi credo che ciò sia possibile; dunque è molto probabile che rimangano. Ma in questo caso rimarranno con le armi nucleari.

D. Gli americani sono molto sensibili a quanto succede in Angola, è possibile che non lo siano a quanto succede in Europa?

R. Penso che siano sensibili nel senso che il presidente degli Stati Uniti dirà al Cancelliere tedesco, chiunque egli sia, "Caro amico, tu devi capire che è arrivato il momento di fare uno sforzo poderoso per gli armamenti..."

D. E se il "caro amico" rifiuta?

R. Non è l'uomo capace di fare questo.

D. Questo significa che è vincolato all'America.

R. Io penso che lei punti troppo sulla carta europea. La carta europea è forte ma non abbastanza forte. Alla fine, in America, potrebbe venir fuori un candidato isolazionista il quale potrebbe anche essere eletto presidente e allora gli americani si ritirerebbero dall'Europa e in seguito non potrebbero più tornare, perché non si può lasciare un'area indifesa e poi tornare al momento critico. Ciò è contrario a ogni regola militare.

D. In questo caso, cosa succederebbe in Europa?

R. Ci sarebbe l'influenza sovietica. Del resto perché l'Europa occidentale dovrebbe avere paura dell'Urss? Economicamente e politicamente l'Europa è molto superiore all'Urss. Personalmente, penso che l'influenza sovietica sarebbe più accettabile di una guerra.

D. Lei crede che una Yalta planetaria sarebbe una buona cosa?

R. Sì, lo penso. La questione è proprio questa: trovare una soluzione che soddisfi così gli Usa come l'Urss, in modo da evitare un confronto nucleare. In altri termini una Yalta mondiale.

D. Lei crede che la Germania può avere un ruolo in un accordo mondiale del tipo di Yalta? La Germania è il solo paese che Yalta abbia diviso in due parti. Molto, dunque, dipende da come la Germania risolverà il problema della coabitazione. Non crede che in questa soluzione risiederà domani il ruolo della Germania?

R. Direi che in Germania il problema non è risolto in maniera soddisfacente ma è risolto. È assolutamente chiaro che una unificazione della Germania, almeno finché non ci sarà una unificazione dell'Europa, se non del mondo, non ci sarà.

D. Lei crede che il disarmo unilaterale sarebbe utile?

R. Io credo che il disarmo unilaterale non indurrebbe i sovietici a dire: "Oh, ora abbiamo infine capito il nostro grande errore. Gli occidentali sono così bravi e così gentili, effettuano il disarmo unilaterale, anche noi dobbiamo farlo". Questa non è la reazione sovietica. La reazione sovietica è: "Il capitalismo si sta indebolendo, il capitalismo non ce la fa più". Pertanto ripeto se siamo pronti ad accettare l'egemonia sovietica in Europa, questa non sarebbe la peggiore delle cose. Personalmente non la desidero, ma non è la cosa peggiore.

D. Meglio rosso che morto o meglio morto che rosso?

R. Io non dico "meglio rosso che morto". Dico che non è la cosa peggiore. Posso immaginarmi infatti che l'apertura delle frontiere ai sovietici provocherebbe vent'anni molto sgradevoli: ma dopo vent'anni potrebbe anche portare al rovesciamento del regime sovietico. Perché i sovietici capirebbero quanto l'Europa occidentale è meglio dell'Urss e lentamente si renderebbero conto che forse la loro sola chance sta nel diventare simili agli occidentali. Comunque non credo che l'America accetterebbe un simile esperimento.

D. Potremmo vedere il problema nella storia. Tutto si ripete. L'America si presenta oggi rispetto all'Europa come si presentava Roma rispetto alla Grecia. Ma oggi c'è la bomba atomica.

R. Il punto sul quale sono in disaccordo con lei è che io considero la bomba nucleare come un risultato assolutamente naturale delle scoperte di Galileo Galilei. Con questo intendo dire che la bomba comporta un mutamento enorme, profondo nella mentalità politica, perché apprendiamo a nostre spese che ci sono cose che possiamo fare e che non dovremmo fare. Certo abbiamo sempre saputo che certe cose non si dovrebbero fare.

D. Non si dovrebbero fare le cose che non sono alla misura dell'uomo.

R. Adesso vorrei raccontare un aneddoto. Io sono il vicepresidente dell'Istituto internazionale per gli studi strategici di Londra, che è un istituto per lo studio del coordinamento militare della politica estera. Io lo considero come il migliore istituto del genere nel mondo. È un istituto che crede nei deterrenti, nel controllo delle armi. Ed ora ecco l'aneddoto. Era il 1979 e si svolgeva il meeting annuale. Diciamo che erano presenti circa trecento persone. Perché mancava la stampa, tutti parlavano liberamente. Il discorso introduttivo fu tenuto da Mac George Bundy, un uomo politico americano importante. Nel suo discorso Bundy auspicò che non si costruissero armi nucleari minori o armi per usi speciali come la bomba al neutrone o le armi a medio raggio; disse che dovremmo accontentarci dei grandi deterrenti, dei grandi missili intercontinentali. Egli era contrario alle armi minori. Sosteneva che le grandi armi non verranno mai usate, tutti lo sanno e perciò siamo al sicuro. Se invece si introducessero le piccole armi, allora nessuno potrebbe sapere se verrebbero usate o meno. Poi parlò un americano di nome Lutwak, un uomo più giovane di origine rumena, ma cittadino americano. Questi sferrò un duro attacco contro Bundy, un po' al di là della cortesia americana. Egli disse: "Noi abbiamo combattuto e continueremo a combattere contro la gente come il signor Bundy perché sappiamo che proprio perché queste armi intercontinentali non verranno mai usate, non dissuaderanno nessuno dal fare la guerra. E se vogliamo scoraggiare le guerre minori non siamo invece abbastanza forti per farlo con i mezzi convenzionali. Sarebbe troppo costoso; dunque si torna al punto di partenza; dobbiamo ricorrere alle armi nucleari di uso limitato. Se le avessimo, non verrebbero usate, ma la gente ne avrebbe paura e non farebbe le guerre. Pertanto se vogliamo la pace, dobbiamo avere le armi nucleari minori".

Io ero presente al meeting e mi trovavo del tutto d'accordo con Lutwak sul fatto che la proposta di Bundy era insoddisfacente. Nel frattempo Bundy ha proposto grandi armamenti convenzionali per riempire i vuoti. Ma non credo che le armi convenzionali ci terranno lontani dalle guerre. Concludendo, non credo che sia realistico abolire le armi minori. Ritengo invece più realistico evitare le guerre. Le grandi armi nucleari rendono impossibile soltanto la grande guerra; intanto dobbiamo fare una serie di passi politici per rendere la pace politicamente sicura con mezzi politici. Insomma io credo che sia più facile abolire le guerre che le armi.

Il primo commento che bisogna fare all'intervista di Weizsäcker è questo: Weizsäcker parla di quattro miliardi di morti nella guerra nucleare totale; ma poi dice che il quinto miliardo sopravvissuto saprà mandare avanti benissimo la civiltà. Ora ci sia concessa una riflessione di specie storica. Sono bastate le invasioni di alcune tribù germaniche per far crollare la civiltà antica e far regredire l'umanità almeno dal punto di vista economico, scientifico e tecnico di dieci secoli. Il termine Rinascimento, a questo proposito, è eloquente. Ora cosa succederà in fatto di regressione con quattro miliardi di morti su cinque di popolazione? Si potrà parlare ancora di civiltà? E addirittura dell'uomo in senso biologico come è stato dalla preistoria a oggi? Insomma l'"ottimismo" di Weizsäcker pare nascondere il più funebre pessimismo.

Incontriamo il generale a riposo Gert Bastian a Bonn in un albergo che fa parte del cosiddetto "Tulpenfeld" ("campo dei tulipani"), in cui si trovano, tra gli altri edifici di severa e rettilinea architettura, il palazzo del Bundestag e quello della stampa. La figura pubblica del generale Bastian è definita dal singolare connubio tra professionalismo militare di alto livello e l'adesione al partito dei Verdi, cioè al partito che ha messo in prima linea la lotta contro l'arma nucleare. Ecco Gert Bastian seduto davanti a noi nell'ombra di un vasto salone vuoto e silenzioso. Vestito di scuro, con quell'aria inconfondibile del militare (o del prete) abituato all'uniforme che, per l'occasione, veste di civile. Bastian ha un volto fine e puntuto, guardando il quale non ci si può sottrarre all'impressione di trovarsi di fronte ad un gesuita di grado superiore dalle labbra strette e dagli occhi lucidi. Rifiuta di rispondere per iscritto al mio questionario; preferisce improvvisare le risposte adesso, a voce. Parlerà secco e preciso, come riandando con la memoria ad una materia che conosce molto bene.

D. Che differenza c'è fra l'arma nucleare e l'arma convenzionale?

R. Artur Koestler ha detto in uno dei suoi libri: "Hiroshima, ossia la prima distruzione di una città con arma nucleare, costituisce una svolta nella storia dell'umanità". E più avanti specifica che, a partire da Hiroshima, l'uomo, vissuto sinora con la coscienza della minaccia individuale, avrebbe avuto d'ora in poi paura di essere eliminato come specie. Si tratta non già di un problema militare e politico, ma esistenziale la cui soluzione non verrà certo da una limitazione degli armamenti.

D. Lei crede che l'umanità nella corsa agli armamenti atomici sia più portata all'omicidio o al suicidio?

R. Credo che l'umanità si sia allontanata sempre più dalle sue origini naturali avviandosi nella direzione di un suicidio collettivo, fatalistico. Il fatalismo è il problema di una civiltà che ha perso di vista i suoi significati profondi, che non dà all'uomo alcuna vera soddisfazione e lo rende incapace di vedere le bellezze della natura e della vita.

D. Non è questo forse il problema della religione, di tutte le religioni?

R. Indubbiamente, all'origine di tutto questo, c'è una grave diminuzione della religiosità; questa diminuzione ha portato l'uomo a non sentirsi più immortale ma a considerarsi un essere insignificante, senza importanza, che non ha più responsabilità né verso se stesso, né verso l'umanità.

D. Indubbiamente succederà qualche cosa, nascerà qualche idea che potrà aiutare l'uomo a cambiare se stesso e il mondo. Non crede?

R. Forse un'ideologia, una religiosità possono liberare l'uomo da questa mancanza di prospettive. Altrimenti l'evoluzione futura dell'umanità sarà minacciata perché crescerà il pericolo che un capo di governo, un coordinatore, un dipendente militare decida, vista l'indifferenza dell'umanità nei riguardi del proprio destino, di far ricorso all'arma nucleare.

D. Lei sarebbe favorevole ad un processo retroattivo del genere di quelli celebrati dal Tribunale Russell, contro i responsabili della bomba atomica, politici, militari, scienziati e così via?

R. Credo che sarebbe necessaria una buona resa dei conti per accertare la responsabilità non soltanto dei politici e dei militari, ma anche degli scienziati che hanno forgiato questi strumenti per i politici e per i militari.

Perché abbiamo fatto quest'ultima domanda? Perché pensiamo che è urgente sostituire ai valori nazionali e ideologici che giustificano la distruzione di Hiroshima, i valori della specie e rivedere tutto quello che è avvenuto da Hiroshima in poi, nell'ottica di questi valori. Un processo del genere di quelli celebrati dal Tribunale Russell avrebbe una grande utilità in quanto contribuirebbe sia pure in parte ad invertire il cammino suicida seguito dall'umanità a partire appunto dal giorno del lancio della bomba su Hiroshima. Il secondo punto riguarda l'appello del generale Bastian alle religioni affinché contribuiscano a creare una presa di coscienza dell'umanità sul problema etico dell'arma nucleare. Noi, invece, al termine di "umanità", prefe-

Alberto Moravia ed Ernst Jünger, uno dei massimi scrittori tedeschi.

Gert Bastian, il generale "verde", allontanato dalla polizia durante una manifestazione alla base americana di New-Ulm.

Alberto Moravia col generale Wolfgang Altenburg.

Il generale tedesco Wolf von Baudessin.

Gheorghi Arbatov, il principale consigliere di Andropov.

Due feriti dell'attacco atomico dell'agosto 1945 a Nagasaki.

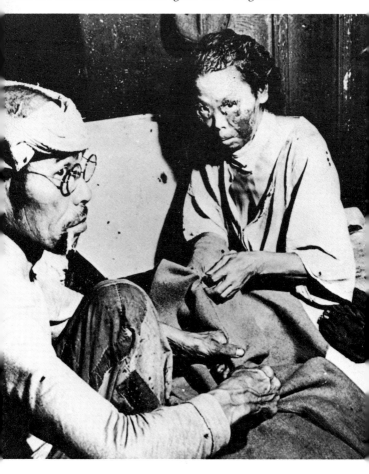

In alto, a fianco e nella pagina seguente alcune immagini del film, tenuto segreto per quasi quarant'anni, girato per conto del governo americano a Hiroshima e Nagasaki poco dopo il bombardamento atomico.

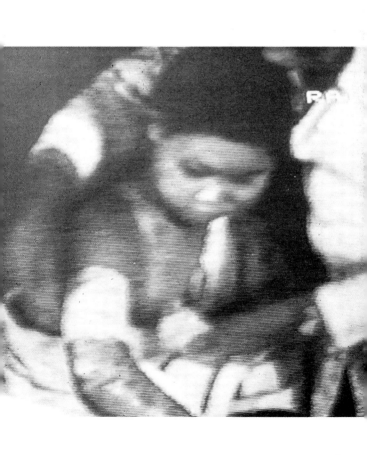

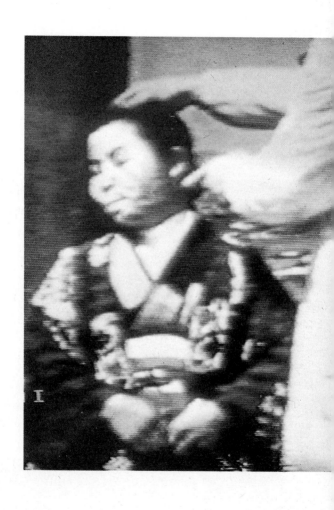

Le foto sono tratte da *L'Espresso* del 28/8/83 - 29/5/83 - 22/5/83 -
27/11/83 - 28/10/83.

riamo quello zoologico di "specie" perché pensiamo che "specie" indica meglio che "umanità" la minaccia che oggi incombe sul mondo nonché la degradazione attuale dell'umanità stessa, ridotta dopo migliaia di anni "umani", a non essere più che una specie.

(*L'Espresso*, 29 maggio 1983)

COME VIVERE CON LA BOMBA

Langenenslingen

Sono andato a trovare Ernst Jünger nei pressi del villaggio di Langenenslingen, non tanto lontano da Costanza, in un paesaggio tipicamente tedesco: la terra si solleva in dolci colline che per la forma fanno pensare a mammelle materne; boschi fitti si affacciano tetri su verdi distese erbose. Jünger abita con la moglie nella foresteria del castello dei conti Stauffenberg, parenti di uno dei principali cospiratori della sfortunata congiura contro Hitler. Il castello sta da una parte della strada, se ne intravvede l'enorme mole turrita e pittoresca dietro il grande cancello del parco che lo circonda; la foresteria, un edificio grande e solido, sta dall'altra parte. Saliamo una scala, suoniamo alla piccola porta massiccia, ci fanno entrare in uno stretto vestibolo, dal pavimento lustrente, di fronte a una scaletta di legno che porta al piano superiore. L'appartamento sembra grande; dovunque si nota un nitore fiammingo di cere, vernici, metalli, legni, intonachi. Jünger ci viene incontro con la moglie. Colpisce subito la sua aria incredibilmente giovanile. Ha ottantotto anni ma i capelli corti e un po' spettinati gli crescono nel mezzo della fronte;

59

ha occhi acuti che possono brillare di ingenua malizia; non alto ma molto ben proporzionato, si tiene dritto con movimenti eleganti forse reminiscenti dei dodici anni di vita militare. In una parola sola, e questo non suoni come un'esagerazione ironica: sembra un ragazzino.

Ci precede nel salotto-studio, ad un gruppo di divani e poltrone, tra pareti gremite di libri. La sua cortesia mi fa trovare sul tavolo tre miei libri tradotti in tedesco. Parlerà in ottimo francese, sorridente e preciso. Dopo l'intervista, ci mostrerà i numerosi cassettini in cui tiene la sua collezione di coleotteri, trentamila in tutto, un hobby ereditato da un nonno appassionato entomologo.

D. Riferendosi all'ansia di immortalità dell'uomo, Schopenhauer afferma che quando egli si trova al cospetto della morte percepisce la propria appartenenza alla specie mentre perde il senso della propria individualità. Assimila cioè l'immortalità che è propria della specie stessa. Ora, per la specie umana, la guerra atomica è una minaccia di morte certa: non ritiene lei che l'uomo non possa vivere senza affidarsi all'illusione dell'immortalità della propria specie?

R. Non ricordo i termini esatti del pensiero di Schopenhauer che lei cita. Egli certamente non si riferiva ad una morte di tipo biologico. Schopenhauer non solo sapeva della mortalità della specie, ma anche di quella dei generi, e di quella ancor più vasta, degli ordini. L'animale uomo appartiene soltanto alla propria specie, come del resto il dido, l'uccello la cui specie si è estinta nel '700.

Il mondo nel quale viviamo oggi non rappresenta soltanto una minaccia per l'uomo. Tutta, o gran parte della natura è in pericolo. La guerra nucleare è solo un aspetto di questa minaccia, anche se la sua capacità distruttiva la rende particolarmente terribile. E come prodotto dell'intelligenza umana e della sua sofisticata capacità organizzativa essa non è soltanto un evento catastrofico, ma anche un fatto che ha una sua rilevanza etica. Ne consegue che la guerra nucleare è il primo pericolo cui va posto rimedio. Ma essa, anche se più evidente di altri, è semplicemente uno dei pericoli che incombono sulla Terra. Vi sono infatti minacce croniche, più o meno occulte come un'impercettibile erosione che non procurano tanto una morte improvvisa quanto un lento inarrestabile deperimento. Per esempio l'inquinamento atmosferico o un'alterazione geologica. E sono altrettante cause di crisi, come ha dimostrato Georges Cuvier nella sua "Teoria delle Catastrofi".

Schopenhauer ha senza dubbio concepito la morte più come trapasso spirituale che come cessazione biologica, come osmosi dell'Individuo mortale nel Tipo e nella sua incorruttibilità. E con ciò arrivo alla seconda parte della sua domanda: è possibile vivere senza l'illusione dell'immortalità? Bene. Per me l'immortalità non è un'illusione, ma una certezza. Il compito delle religioni è quello di darci almeno il presentimento dell'immortalità. L'individuo viene così liberato dalla paura del mondo, e ciò accade particolarmente in occasione di mutazioni che gli danno la sensazione di portarlo alla fine. Mutazioni ricorrenti prima di ogni nuovo millennio: oggi su di noi incombe una catastrofe tecnica, un incidente stradale di dimensioni planetarie. Ritengo importante il concetto che identifica la morte dell'individuo con la fine del mondo: il compito delle religioni non è cambiato. Si tratta invece di verificare se esse ne sono ancora all'altezza.

Va detto, alla fine, che la spinta etica non è più sufficiente. Come non ci basta più la fisica tradizionale o la guerra fatta con mezzi convenzionali, così non è più sufficiente nemmeno la morale classica. Il primo a rendersene conto è stato Nietzsche.

D. La contraddizione è spesso la causa efficiente di cambiamenti, sconvolgimenti, progresso. Ma la contraddizione tra un conflitto atomico ed un qualunque sistema di pensiero o religione, non finisce forse per essere del tutto sterile dal momento che i due elementi a confronto sono destinati ad essere completamente annullati dall'evento?

R. Lei utilizza forse per la guerra atomica la dialettica hegeliana, in cui tesi ed antitesi vengono superate dalla sintesi, per ricavarne una speranza... Bisogna allora fare una distinzione fra idee e fatti. Quando due giocatori di scacchi si confrontano con mosse e contromosse, oltre agli eventi-sintesi vittoria, sconfitta e pareggio, ne è prevedibile un quarto: la riuscita della partita in sé. La guerra convenzionale, pur distruggendo uno degli avversari come nel caso di Roma e Cartagine, conduce comunque ad un nuovo assetto delle cose. Finora la partita-guerra è sempre continuata con una tesi e un'antitesi: Hiroshima-bomba atomica e così via. Essa si concluderebbe, ma non si avrebbe l'evento "partita riuscita" però, se uno dei giocatori buttasse ad un certo punto per aria la scacchiera. Non voglio dunque negare la possibilità di una sintesi conseguente ad un conflitto nucleare planetario; essa tuttavia non sarebbe più di natura storica. Scavalcherebbe il piano dell'ordine storico ed umano, portando a mutazioni di carattere biologico, geologico o demoniaco. La lettura dei profeti si fa attuale.

D. L'arma atomica è un elemento della storia dell'Occidente, allo stesso modo che una patologia organica fa parte del corpo, oppure è da considerare piuttosto come un accidente, come un "mostro"?

R. Mi rendo conto di aver messo il carro davanti ai buoi e voglio quindi ricollegarmi alla mia prima risposta. Un incidente automobilistico presuppone, perché possa verificarsi, il traffico. Il traffico che ci riguarda è di natura planetaria, le velocità che lo caratterizzano sono quelle del suono e della luce. Prestazioni e pericolo aumentano parallelamente. Non c'è dubbio che esso abbia origine in Occidente, ma ormai coinvolge tutto il mondo.

Uno degli elementi che distinguono il pensiero di Faust da quello di altre culture è la curiosità che nel primo non è sottoposta a limiti o a tabù. Secondo Aristotele, invece, dalla violazione di troppi segreti naturali potrebbe derivare somma sventura. Presso alcuni popoli si doveva offrire un sacrificio espiatorio per ogni albero abbattuto. I cinesi conoscevano da tempo la polvere da sparo, ma se ne servivano solo per i giochi pirotecnici. Insomma: più viene saccheggiato l'albero della scienza del Bene e del Male, più l'albero della vita si dissecca.

Vorrei ora passare alla seconda parte della sua domanda. Innanzitutto dovremmo abolire la paura. Questo è il tentativo perseguito dai movimenti pacifisti. L'intenzione è lodevole, ma non credo sia sufficiente a scacciare la paura dal mondo: quell'istinto della minaccia incombente che spinge alla proliferazione degli armamenti e forse anche all'offesa. Forse sarebbe più auspicabile un confronto in cui una delle superpotenze ceda le armi per manifesta inferiorità o per l'intollerabilità dei costi. Dal punto di vista di coloro che sono coinvolti solo passivamente nella questione, i tedeschi per esempio, l'equilibrio è semplicemente un errore pericoloso. Per essi è preferibile una netta preponderanza da una parte o dall'altra. Se gli americani per esempio, avessero potuto mantenere e trasmettere ad un organismo sovranazionale il monopolio della bomba atomica finché lo avevano, non avrebbero dovuto preoccuparsi, poi, di realizzare armi biologiche o chimiche meno micidiali ma comunque funeste.

Pensare di riuscire a rallentare il progresso tecnico è una contraddizione con l'esperienza pratica. L'unico modo per risolvere la questione è la formazione di uno Stato universale.

D. Quale sarà l'effetto sulla cultura di una fine del mondo "terrena", proposta dall'arma atomica? Avremmo una civiltà "suicida" cioè "nucleare" oppure sparirà qualsiasi traccia di cultura?

R. Una "cultura del nucleare" è inconcepibile in quanto il progresso materiale può distruggere la cultura, non certo crearla. Esistono certamente relazioni tra le più alte capacità dell'uomo, come l'arte e l'etica, e lo strumento tipo che egli utilizza in quel momento storico. Esso offre loro la cornice o, come dice Heidegger, l'"intelaiatura". Mi sono occupato di questo tema specialmente nello *Zeitmauer* e presumo che proprio questo mio scritto le abbia suggerito l'idea della visita. Nello *Zeitmauer* (muro del tempo) ho messo in relazione la pietra con la favola, il bronzo con il mito, il ferro con la storia. Definisco il nuovo eone, tempo della radiazione. Se una nuova cultura ne dovesse nascere, essa si dovrebbe presentare attraverso opere d'arte ed un'etica che dominino lo strumento.

Accanto alle previsioni tecniche ed alle utopie, conosciamo anche predizioni come quella di Gioacchino da Fiore secondo il quale ai tempi del Padre e del Figlio segue il tempo dello Spirito Santo. A quest'era corrisponderebbe un Terzo Testamento che si annuncerebbe nel Vangelo di Giovanni e nell'Apocalisse. Più o meno nello stesso modo funziona il calendario del mondo astrologico: al simbolo cristiano del Pesce viene collegato quello dell'Acquario e ad esso una grande aspirazione spirituale. Non si può disconoscere che nella tecnica l'aspirazione spirituale si accresce, anche se si manifesta innanzitutto in maniera distruttiva, come astrazione, livellamento, riduzione in cifre. Ne vengono coinvolti i popoli con i loro culti, i ceti sociali, le generazioni, la Terra stessa. Si tratta di passaggi graduali che prescindono dalle conseguenze; il prossimo passo potrebbe essere la spiritualizzazione.

Siamo di fronte ad un campo molto ampio. La spiritualizzazione condurrebbe a conseguenze concrete e morali dalle quali oggi, con la nostra mentalità attuale, rifuggiremmo. Pur prescindendo dal "recente" di Schleiermacher tuttavia, è ancora possibile un certo ottimismo, differente, è ovvio, da quello del Medioevo.

64

D. Non crede che prima di eliminare la bomba sarebbe necessario raggiungere un accordo sul tipo di uomo che si intende salvare: quello occidentale? oppure l'orientale? o non si deve forse salvare il terzo uomo, quello che sta per nascere?

R. Sono d'accordo con lei sull'impossibilità di eliminare la bomba atomica. La tecnica fa il suo corso. Anche coloro che distruggevano le macchine non riuscirono ad eliminare il telaio meccanico. Non bastano né obiezioni morali né economiche. Lo stesso si dica per l'ingegneria genetica. Bisogna inoltre pensare che siamo solo all'inizio e che dobbiamo aspettarci ancora molte sorprese. Penso alla fusione nucleare e all'"omuncolo", il superuomo artificiale.

Ma perché non dovrebbero essere possibili degli accordi? Vorrei ritornare al principio dello Stato mondiale o, almeno, di un assetto mondiale, di una Costituzione mondiale. Anche così la bomba atomica non verrebbe eliminata, ma certamente verrebbe trasformata in un pezzo da museo come le armature medioevali o un dirigibile della prima guerra mondiale. Verrebbe conservata quale testimonianza del barcollare della tecnica in un vicolo cieco. Purtroppo ciò non corrisponde pienamente alla verità, in quanto essa è già stata usata una volta, che speriamo rimanga l'ultima.

Non mi pare necessario immaginare un salvatore di origine orientale o ignota. La classe politica attuale è sufficiente. Dopo le due guerre mondiali sarebbe bastata anche per l'istituzione di un organismo mondiale, ma per i vincitori fu allora più importante la distribuzione del bottino.

D. La guerra convenzionale si basa su una scelta costante, da parte dell'individuo, tra onore e disonore, coraggio e vigliaccheria, forza e debolezza, fedeltà e tradimento, eccetera. Gli ingegneri nucleari però, quelli che in ogni paese presiederanno all'uso delle armi nucleari al posto dei militari di professione, quale scelta faranno? Forse non ne faranno alcuna?

R. In questo caso bisogna distinguere tra l'etica del soldato e la morale, secondo il significato dato da Nietzsche a questa parola. Il soldato può concedere la grazia quando l'avversario cede le armi. Il Bushido (le norme morali della casta militare giapponese) proibisce lo sfruttamento estremo della vittoria. La guerra atomica ha come scopo l'annientamento. Il fisico atomico diventa un esecutore: è incaricato per esempio dal presidente Truman, di una missione, ed esegue il suo compito. Egli non possiede un'etica di classe come il sacerdote o il soldato, altrimenti eviterebbe che un profano disponga di lui stesso e del suo sapere. Naturalmente egli soffre di preoccupazioni morali – come è stato dimostrato dal processo Oppenheimer – ma non riesce a farle valere. Da lui non ci si deve aspettare nulla: è come un tale che apre una porta.

D. La bomba atomica non rappresenta una minaccia solo per questa o quella società, bensì per tutta l'umanità. Bisognerà dunque scegliere d'ora in poi tra fedeltà all'umanità e fedeltà alla nazione? Quali conseguenze avrebbe la fedeltà nel primo caso?

R. La prima guerra mondiale ha abbattuto le monarchie, la seconda le nazioni, che sono ormai manovrate dalle superpotenze. La fedeltà ad esse darebbe ben scarsi risultati, se non addirittura controproducenti. Rimane più ragionevole la fedeltà alla patria, intesa come una parte della Terra con la propria lingua, storia e cultura.

Come si comporta il singolo di fronte ad un incendio di proporzioni mondiali oppure anche solo di fronte ad un terremoto? Egli fa il proprio dovere ed è comprensibile che egli pensi anche alla propria sicurezza fisica e metafisica. Lutero diceva che, anche se avesse saputo che il mondo sarebbe finito l'indomani, avrebbe pur sempre piantato un albero. Io ritengo inoltre che anche in mezzo alle discordie umane, stiano nascendo correnti gnostiche, comunità salvifiche, come già successe all'inizio del primo e del secondo secolo. Osservando le stesse tendenze politiche ed economiche attuali si può notare come esse, alla luce della razionalità, non siano più pure, come viene dimostrato dai sacrifici pretesi ed offerti per esse.

D. Cosa crede che Nietzsche avrebbe pensato o scritto sulla guerra atomica? Non crede vi avrebbe visto una conferma alle proprie idee?

R. Nietzsche ha presagito, o meglio, ha previsto un evento apocalittico, seppure con le sue circostanze tecniche. In "Volontà di potenza" egli menzionava lo sviluppo di armi notevolmente pericolose, se ben ricordo, e le pone in relazione con la popolazione in aumento. Poco prima della pazzia totale decide di "costruire la sua opera in funzione della catastrofe". Egli cerca un Tipo che sia all'altezza di essa.

D. Appare certo che l'umanità cerca istintivamente una via di scampo dalla "trappola atomica". Esistono però due modi per affrontare il problema: quello delle classi dirigenti e quello delle masse. Tra le prime prevale l'idea che la guerra sia un gioco sottoposto, come tutti i giochi, a determinate regole. Una di queste regole sarebbe l'eliminazione degli armamenti atomici, delle armi chimiche e biologiche, eccetera, facendo così della guerra una specie di giostra medievale. Le masse, per contro, auspicano l'abolizione delle armi nucleari per motivi umani, religiosi, politici e culturali.

Quale dei due atteggiamenti preferisce?

R. Come lei, ritengo impossibile l'abolizione della bomba atomica; certo, sarebbe desiderabile relegarla con gli altri deterrenti chimici e biologici, nell'armadio dei veleni. E sono con lei, bene o male, anche riguardo alla seconda eventualità. Non la ritengo affatto improbabile, e del resto esistono precedenti storici: durante il Rinascimento i cavalieri divennero così costosi che i condottieri li mettevano in campo malvolentieri. Li presentavano e, poi, li ritiravano quando l'incontro sembrava loro incerto. Si limitavano a mostrarli. Personalmente preferirei un'epoca in cui non si dovessero affrontare certi problemi. Potrei rinunciare non solo alla bomba atomica, ma anche al fucile. Karl Marx disse una volta: "Sarebbe possibile un''Iliade' con la polvere da sparo?" Questo è il mio problema.

Qui termina il mio incontro con Ernst Jünger. Non c'è molto da aggiungere al colloquio che, dato il carattere filosofico delle risposte di Jünger, si commenta da sé. Vorrei tuttavia sottolineare l'importanza della riflessione di Jünger sulla differenza tra la faustiana cultura occidentale e quella antica o orientale. Jünger sembra pensare che sia possibile mettere dei limiti alla "curiosità" demoniaca di Faust, cioè che la corsa sfrenata verso l'ignoto che caratterizza la cultura occidentale possa venire "fermata" da un accordo planetario che, per esempio, riesca a creare il tabù della guerra. L'umanità ha saputo creare il tabù dell'incesto; perché non potrebbe domani creare quello dell'omicidio organizzato e collettivo? Tutto dipende dagli uomini, pare voler dire Jünger; dipende dunque anche dagli uomini se suicidarsi oppure durare.

(*L'Espresso*, 28 agosto 1983)

La politica estera dell'Unione Sovietica sembra essere stata influenzata fin dagli inizi da due pensatori tedeschi. Il primo, ovviamente, è Marx; il secondo, forse un po' meno ovviamente, è Carl von Clausewitz. Perché questo? Perché mentre Marx, con il socialismo scientifico garantiva al paese della rivoluzione di ottobre il successo immancabile in quanto storicamente fatale della rivoluzione stessa in tutto il mondo, von Clausewitz, dal canto suo, andava incontro all'esigenza marxiana di non aspettare passivamente questo successo ma di adoperarsi attivamente per ottenerlo con tutti i mezzi possibili anzi, secondo la formula clausewitziana, "con altri mezzi". Ci riferiamo qui alla celebre sentenza del generale tedesco: "la guerra non è che la continuazione della politica del tempo di pace con altri mezzi".

La politica estera dell'Urss come abbiamo detto, è stata fin dai tempi del comunismo di guerra legata al connubio esplosivo del pensiero di Marx con quello di von Clausewitz. L'uno giustificava l'altro e viceversa; l'uno additava il fine e l'altro il mezzo per ottenere il risultato della egemonia mondiale senza per questo venire meno alle premesse utopistiche della rivoluzione.

I capi rivoluzionari furono subito consapevoli del dinamismo insito nel pensiero combinato di Marx e di von Clausewitz. Lenin, dopo aver letto il *Della guerra* ebbe a scrivere: "Clausewitz è uno degli scrittori militari più profondi, uno dei più grandi, uno dei più notevoli filosofi e storici della guerra, uno scrittore le cui idee fondamentali sono diventate patrimonio incontestabile di ogni pensatore". In effetti, il pensiero di Von Clausewitz non poteva non affascinare Lenin il quale, negli anni Venti, non esitò a continuare appunto la politica del tempo di pace " con altri mezzi" ossia con varie guerre civili e no.

Ma von Clausewitz era un generale dei tempi di Napoleone, quando le guerre erano ancora non tanto diverse da quelle dei tempi di Tucidide. Ancora alla vigilia della seconda guerra mondiale, nonostante l'immenso progresso degli armamenti, Clausewitz poteva dirsi attuale. Ma con la fissione dell'atomo e la conseguente fabbricazione della bomba atomica, il pensiero di von Clausewitz semplicemente crolla, diventa anacronistico. La ragione del crollo è semplice. L'idea che la guerra non sia che la continuazione con altri mezzi della politica del tempo di pace, presuppone la guerra di una volta, con vincitori e vinti, dopo la quale la politica del tempo di pace veniva ripresa coi mezzi propri della pace. Ma come è noto questa ripresa è esclusa dalla guerra nucleare la quale porta alla mutua, totale distruzione dei paesi in guerra, anzi addirittura alla fine del mondo.

Purtroppo il pensiero politico in tutti i paesi e soprattutto in Unione Sovietica, non tiene affatto conto della terribile novità della guerra nucleare. Un caso eloquente dell'arretratezza del pensiero politico rispetto allo sviluppo delle armi nucleari è stato quello di Breznev, il quale non ha esitato a puntare contro l'Europa i nuovi missili a testata nucleare SS 20 come se si fosse trattato dei vecchi eserciti convenzionali atti, appunto, "a continuare con altri mezzi la politica del tempo di pace". Ora, la cosa singolare è che i dirigenti e i popoli sovietici a parole sembrano essere assai più spaventati dalla minaccia nucleare della loro controparte occidentale, il "pacifismo di Stato" in Urss pare essere sincero anche se politicamente strumentalizzato. Ma che cosa prova questo, se non l'anacronistica e forse inconscia fedeltà al pensiero di von Clausewitz e la non consapevolezza della contraddizione che ne è diretta conseguenza? E il pacifismo stesso non sarebbe forse qualche cosa di simile ad una fuga in avanti?

Durante un'inchiesta da me condotta recentemente, alla mia obiezione che bisognava parlare dell'Afganistan e del collocamento degli SS 20, Arbatov, direttore accademico dell'Istituto per gli Usa e il Canada e consulente del segretario generale del Pcus, mi ha risposto (vedi intervista qui di seguito) che non bisogna parlare del passato bensì del futuro. Ma il futuro vuol dire l'abbandono completo della teoria di von Clausewitz, con tutte le conseguenze del caso: disarmo reale, Stato sovranazionale, rinunzia all'abbinamento Marx-Clausewitz eccetera. Così anche sul futuro i dirigenti sovietici non sembrano inclini a pronunziarsi se non in termini "attuali" cioè strettamente legati all'"hic et nunc" della politica dell'Urss, non un giorno di più, non un giorno di meno. Allora, molto naturalmente viene fatto di pensare che questi termini potrebbero cambiare secondo i cambiamenti della politica. Ma ecco qui il colloquio con Arbatov.

D. Signor Arbatov, lei crede che nel prossimo futuro verrà varcata la soglia atomica con l'uso, in una guerra minore, di armi atomiche tattiche di piccolo calibro?

R. Signor Moravia, io non credo che ci possa essere un conflitto nucleare limitato con uso di armi nucleari tattiche di piccolo calibro in quanto, a mio avviso, questo conflitto limitato sarebbe soltanto l'inizio di un conflitto più vasto.

D. In questo momento gli Stati Uniti e l'Unione Sovietica dispongono insieme di circa 50 mila ordigni nucleari; ma a quanto pare, l'un per cento di questi ordigni basterebbe per provocare una vicendevole completa distruzione. Perché si continua a fabbricare armi nucleari?

R. Poiché la guerra nucleare è una cosa irrazionale, ne segue che anche la corsa agli armamenti ha perso già da tempo qualsiasi razionalità.

D. Eh, lo so.

R. Le armi finora accumulate superano di gran lunga la necessità di una guerra. Ma vi sono diversi motivi per questo accumulo. Un primo motivo è quello di ottenere risultati militari mirabolanti, fantastici; credo che ci siano alcune correnti che alimentano questa pazza tendenza. Il secondo motivo è quello dell'interesse dei fabbricanti di armi, cioè del complesso industriale militare. Il terzo motivo mi sembra di carattere psicologico. Se lei prende il pensiero militare moderno statunitense vedrà che c'è sempre latente l'idea di uscire da un vicolo cieco nel senso di trovare la possibilità di condurre e portare avanti quella stessa guerra nucleare che viceversa sembra impossibile. Da qui il concetto delle guerre nucleari locali; da qui la miniaturizzazione delle armi, la precisione sempre più perfezionata degli ordigni nucleari eccetera. I militari sognano di poter fare una piccola, pulita e ammissibile guerra nucleare. Il quarto motivo mi sembra puramente statunitense; più tardi dirò anche del motivo puramente sovietico. L'America da oltre duecento anni vive oltre oceano in piena sicurezza, con dei vicini molto deboli e quindi per molto tempo ha avuto la sensazione di non correre alcun pericolo. Ad un tratto però si è scoperta simile a noialtri poveri europei cioè vulnerabile e accessibile alle armi e quindi anche soggetta ad una eventuale distruzione. La prima reazione è stata puramente americana cioè cercare di superare queste cose pagando in contanti o in tecnologia.

D. Pagando?

R. Sì pagando, credo che questa è una delle fonti che alimenta la corsa agli armamenti. Nello stesso tempo sono cadute altre illusioni americane: quella di essere diversi da tutti gli altri; quella di avere il monopolio nucleare; quella di essere, economicamente, sempre e comunque i più forti. Di fronte alla caduta di queste illusioni, ci sono degli americani che credono si tratti di un processo normale, logico ed inevitabile; altri invece sperano che si possa ancora invertire la tendenza cioè fare diventare di nuovo l'America più forte di quanto non sia attualmente. Adesso parliamo dell'altra parte, perché è chiaro che nella corsa degli armamenti ci sono due parti. Devo subito dire che le esplosioni di Hiroshima e di Nagasaki noi le abbiamo subito interpretate non come le ultime della seconda guerra mondiale, ma come le prime di una terza guerra che stava iniziando. E naturalmente da parte nostra c'è stato il sospetto che anche se apparentemente i giapponesi figuravano come il bersaglio di quell'esplosione, in realtà l'obiettivo principale eravamo noi. Gli americani volevano il predominio mondiale. Questo ci ha costretti, nonostante la difficile situazione economica, dopo la seconda guerra mondiale, a ritirare i finanziamenti da altri settori industriali per creare l'arsenale nucleare.

D. Ma ciò accade in tutto il mondo, purtroppo: tutti hanno paura e questa paura ingenera in tutti aggressività. Adesso però io vorrei affrontare più particolarmente quello che avviene in Europa. In Europa oggi l'Unione Sovietica fa figura soprattutto di superpotenza militare e questo non soltanto a causa delle sue tradizioni militari ma anche a causa della sua attuale forza effettiva e del prevalere, nel suo rapporto con le altre nazioni, dell'elemento militare su quello politico. Il trionfo del socialismo non sembra essere l'obiettivo diretto e unico di atti politici quali, ad esempio, l'invasione armata dell'Afganistan oppure l'installazione

73

nell'est d'Europa dei missili a medio raggio SS 20. Insomma, in altri termini, ci sono stati degli atti puramente militari i quali non sembrano essere determinati da motivi di sicurezza o ideologici, ma da motivi, diciamo così, imperiali. Di conseguenza l'Unione Sovietica ispira timore e dunque suscita reazioni di aggressività. La domanda è questa: l'Unione Sovietica è disposta e pronta a cambiare questo stato di cose?

R. L'Unione Sovietica ha sempre voluto cambiare questa situazione. Intanto non riteniamo per niente normale la situazione dell'Europa divisa in due blocchi armati fino ai denti e tutta piena di armi. A questo punto, potrei spiegarle che gli SS 20 hanno soltanto sostituito i missili obsoleti che c'erano prima. Ma io credo che faremo meglio a sfruttare questa nostra breve chiacchierata parlando del futuro e non del passato. Che cosa propone l'Unione Sovietica? Prima di tutto togliere tutte le armi nucleari dall'Europa, di calibro medio, piccolo e minimo.

D. Siete anche voi per l'opzione zero?

R. S'intende che forse resterà qualcosa del nostro arsenale strategico in Europa fino a quando non ci mettiamo d'accordo con gli americani. Ma noi abbiamo anche proposto di ridurre il numero dei soldati degli eserciti convenzionali in Europa fino a novecentomila uomini, di cui settecentomila per gli eserciti di ambo le parti. Infine i paesi del patto di Varsavia hanno proposto ai paesi della Nato di firmare un accordo nel quale venga proibito l'uso della forza militare sia nei confronti del membro del proprio blocco, sia nei confronti del membro del blocco opposto, sia nel confronto dei paesi terzi. Noi siamo disposti a qualsiasi passo diciamo così parziale, perché non siamo massimalisti. Per esempio noi siamo anche pronti ad aumentare le distanze dei missili tattici, e ci aspettiamo naturalmente la stessa disponibilità dalla controparte.

D. Vorrei porre adesso delle domande sul futuro. Non crede che l'utopia di oggi sarà forse la realtà di domani? Come vede un mondo globale governato da un unico centro di potere sovranazionale?

R. Io non credo in uno Stato mondiale del genere, governabile da un solo centro di potere. Per quanto riguarda la parte economica, credo che sia attuabile quello che intende lei: una specie di integrazione globale e di collaborazione fra popoli, naturalmente nel rispetto della autonomia di ciascuno degli Stati. Ma per il resto...

D. Non crede lei che la prima condizione per raggiungere la pace mondiale, sia che le nazioni rinunzino ad una parte della loro sovranità?

R. Una parte sì, perché qualsiasi accordo internazionale significa trasferire una parte della propria sovranità a un organismo internazionale. Ma questo trasferimento è ancora molto lontano perché nella situazione attuale di inimicizia fra i due blocchi io non vedo nessun paese che vorrebbe rinunciare a una parte della propria sovranità.

D. Oggi la sovranità consiste spesso nel fatto che in una discussione, mettiamo, sul petrolio, uno dice: o tu mi dai i pozzi di petrolio oppure faccio finire il mondo. Dunque, ci sono coloro che preferiscono il petrolio al mondo. Perciò qui viene fuori proprio il problema della sovranità; cioè l'interesse nazionale viene messo al di sopra dell'interesse della specie. In realtà, nessuna nazione è veramente minacciata; quella che è minacciata è la specie umana. Ne segue che bisogna creare una nuova morale basata sulla specie e non sopra la nazione.

R. Ecco, se noi guardiamo alla storia dell'umanità possiamo vedere che l'uomo ha preso lentamente coscienza di appartenere ad una specie perché prima pensava solo a se stesso ed era pronto, se necessario, a mangiare un suo simile. In seguito però l'uomo è diventato cosciente di essere membro del nucleo famigliare, poi della stirpe, poi della tribù e finalmente della nazione. Io credo che alla fine si arriverà anche al concetto di appartenenza alla specie ma questo è un processo molto lungo, complesso e difficile, il quale non si può e non si deve forzare perché qualsiasi forzatura potrebbe suscitare soltanto un'accanita resistenza dei singoli nazionalismi.

D. Tutto questo è molto giusto, purtroppo non abbiamo tempo.

R. Ma questo non ci dà il diritto di credere in un'illusione, perché dobbiamo renderci conto che ci sono delle cose che è impossibile fare subito o in modo rapido. Se lei conosce qualche ricetta per far diventare l'umanità una grande sola famiglia unita, e questo in modo civile e senza pericolo, ce la comunichi e credo che tutti saranno con lei.

D. Conosco la ricetta. Bisogna guadagnar tempo. Il mondo si trasforma pacificamente senza bisogno delle armi. Bisogna guadagnar tempo, trattando positivamente senza mai smettere le trattative. Il mondo fra venti anni sarà diverso da adesso e fra quaranta ancora diverso; la pace, credo, che si salvi con il tempo.

R. Non ho nulla da obiettare. Una trattativa continua tra gli Stati che non vogliono trattare o una specie di lavoro illuministico fra la gente per far capire il pericolo della guerra nucleare è proprio quello che ci auguriamo anche noi.

(*L'Espresso*, 27 novembre 1983)

AD ANDROPOV MANDO A DIRE...

Moravia. Signor Velikhov, vorrei porle alcune domande sul problema nucleare. La prima è la seguente: secondo lei la scoperta della energia atomica ha cambiato o cambierà in senso positivo la condizione dell'umanità come, per esempio, l'elettricità; oppure ha soltanto rivoluzionato la guerra in negativo, rendendola più crudele e più distruttiva?

Velikhov. In una certa misura lei mi chiede una previsione per il futuro?

M. No, le chiedo la sua previsione per il presente. E cioè: secondo lei l'importanza dell'energia atomica è maggiore nell'uso civile oppure nella guerra?

V. Purtroppo l'uso dell'energia atomica è molto più sviluppato nel campo militare che in quello civile, anche se in alcuni paesi del mondo il grado di utilizzo dell'energia atomica in senso pacifico è molto alto.

M. Ho fatto un'intervista in Siberia allo scrittore Rasputin, abbiamo parlato della bomba atomica. Gli ho detto che la bomba atomica è il risultato di una conoscenza scientifica che comincia con Galileo Galilei e arriva fino ad Einstein. Ora, Rasputin ad un certo momento mi ha detto: "Galileo Galilei va bene ma Einstein doveva rinunciare alla sua scoperta prevedendo quello che sarebbe successo poi". La domanda è questa: è possibile fermarsi nelle invenzioni scientifiche quando si sa che potrebbero avere conseguenze negative per l'umanità? Oppure bisogna andare fino in fondo basandosi sul principio che la conoscenza scientifica e quindi anche le sue applicazioni pratiche non debbono avere limiti?

V. Allora credo che bisognerebbe fermare tutta la scienza in generale con le prevedibili conseguenze negative che ne deriverebbero. Non esiste nessuna opera di Einstein che ha un collegamento diretto con la fissione dell'atomo.

M. D'accordo, però le scoperte scientifiche portano a delle applicazioni tecnologiche cioè pratiche. Nel caso specifico della bomba atomica non si poteva costruirla senza riferirsi ai principi di Einstein.

V. Da questo punto di vista, allora, anche Galilei e Newton hanno avuto il loro ruolo nello sviluppo dell'atomica.

M. Non crede dunque che coloro che hanno contribuito allo sviluppo tecnologico della scissione dell'atomo e in seguito hanno consigliato l'uso bellico della bomba: Fermi, Oppenheimer, Compton e Lawrence avrebbero dovuto fermarsi visto che sapevano benissimo quello che facevano e quello che ne sarebbe seguito?

V. Prima di tutto, debbo far notare, e lei forse lo sa meglio di me, che in quel momento c'era il pericolo che i tedeschi arrivassero per primi a fabbricare l'atomica.

M. Insomma, tanto i quattro del Progetto Manhattan quanto Korciatov non potevano fermarsi?

V. Korciatov poteva fermarsi ancora meno degli altri perché per l'Unione Sovietica era questione di vita o di morte.

M. Sì, ma non era questione di vita o di morte per gli Stati Uniti. Comunque, qui viene fuori una contraddizione; cioè bisogna decidere queste cose in base alla salvezza della nazione, dello Stato, oppure in base alla salvezza dell'umanità, della specie?

V. Dipende dal periodo storico. Io credo che oggi questo problema vada risolto in base alla salvezza dell'umanità; ma nel '45 per noi si trattava del nostro destino e ci era abbastanza chiaro che cosa poteva succederci se non fossimo riusciti a risolvere il problema atomico.

M. Il socialismo si è sempre dichiarato ateo. Non crede che l'arma nucleare, di fronte alla quale la ragione sembra impotente, potrebbe provocare nell'umanità un ritorno ad una visione metafisica del mondo? Cioè, in altri termini, riportare a galla la vecchia idea religiosa della fine del mondo che si credeva ormai affondata per sempre nel passato?

V. Naturalmente, io spero che la paura della fine del mondo non porterà ad un revival della religione ma alla comprensione reciproca di questi problemi e di conseguenza alla abolizione dell'arma nucleare. Se mi è permesso dare una risposta più ampia penso che l'uomo disponga di una certa protezione psicologica che gli permette di sopravvivere nelle situazioni critiche. Oggi questa capacità dell'uomo si trova a dover fronteggiare la minaccia atomica.

M. Il socialismo si è finora identificato con il processo scientifico ma adesso proprio il progresso scientifico mette il socialismo di fronte a qualcosa di assolutamente negativo: l'arma nucleare. Che cosa pensa lei di questa contraddizione della scienza?

V. Noi marxisti per scienza intendiamo non soltanto le scienze naturali ma anche le scienze sociali, perciò questa che lei chiama contraddizione non è dovuta al progresso scientifico bensì ad uno sviluppo insufficiente delle scienze sociali in quanto queste ultime non sono ancora al livello delle scienze naturali, ovvero l'umanità non ha ancora preso coscienza della vera natura di certi suoi problemi. D'altra parte la domanda mi sembra in un certo senso retorica in quanto siamo post-factum, la cosa è fattibile e quindi non ci resta altro che rendercene conto.

M. Passo ad un'altra domanda: d'ora in poi dovremmo convivere con l'idea dell'autodistruzione della specie. Come sarà organizzata questa convivenza secondo lei?

V. La fine della specie potrebbe essere molto rapida, una questione di mezz'ora.

M. O addirittura di minuti.

V. Prima di tutto vorrei ripetere quello che ho già detto circa il fatto che l'uomo dispone di una capacità psicologica che gli permetterà di convivere con l'idea dell'autodistruzione della specie. Come poi riusciremo a sopravvivere, questo è un nostro problema. Penso che ci vorrebbe un cambiamento radicale dei punti di vista, ce ne sono tanti, potrei anche elencarli.

M. Prego, li elenchi.

V. Per esempio l'anno scorso in settembre abbiamo avuto un incontro con l'accademia delle scienze di 36 paesi a Roma al Vaticano. E ci siamo accordati per fare dichiarazioni congiunte di carattere molto significativo. Ci siamo trovati d'accordo sulla necessità di invertire la direzione attuale del mondo e dunque, prima di tutto, di fermare la minaccia nucleare. Bisogna assolutamente cessare di credere alla possibilità di un uso politico o militare dell'arma atomica. Ora credo che questo primo passo lo debba fare l'Occidente, in quanto molti dirigenti americani ed europei considerano oggi la bomba atomica ed il suo uso come potenziali mezzi ragionevoli di fare politica. Il secondo passo, a mio avviso, dovrebbe essere quello del "Freeze", ossia del congelamento dell'arsenale nucleare sia sul piano quantitativo sia sul piano qualitativo. Per esempio, tutte le chiacchiere che si fanno oggi a proposito delle cosiddette armi nucleari difensive non fanno altro che aumentare la corsa agli armamenti. Noi dobbiamo invece arrivare passo passo a rinunciare all'arma atomica. Certo si tratta di un processo politico molto lungo.

M. Non vi sono però precedenti storici che un paese abbia spontaneamente rinunciato a delle armi nuove e più efficienti per ragioni umanitarie, speciali o comunque non militari.

V. Certo, sarebbe un fatto senza precedenti.

M. L'arma atomica non è un mezzo per vincere la guerra bensì un mezzo per sopprimerci tutti quanti. Davvero ci troviamo in un territorio sconosciuto che va esplorato passo passo perché nella storia dell'umanità non ci sono precedenti di quello che sta succedendo oggi.

V. Sono d'accordo.

M. Vorrei adesso fare un'ultima domanda circa l'uso di nuove armi difensive di tipo scientifico (raggio laser, satellite killer, sviluppo di armi a flusso di particelle). Secondo lei queste armi difensive potrebbero rendere obsolete le armi strategiche e tattiche oppure non è possibile crearle?

V. La risposta è no, senz'altro. Come le ho già detto queste armi non potrebbero che allargare e accelerare la corsa agli armamenti. Per esempio, se lei dà un'occhiata a quello che vanno facendo gli americani, può vedere che accanto al problema dei sistemi di difesa antimissile, essi hanno impostato quello della fabbricazione di un missile monoblocco che sgominerebbe facilmente ogni possibile difesa. Parlando scientificamente, io le posso dire soltanto una cosa: a mio avviso tutte queste armi difensive sono basate su ipotesi che non hanno ancora trovato conferma in una realizzazione concreta.

(*L'Espresso*, 22 gennaio 1984)

MORAVIA INTERVISTA MORAVIA CANDIDATO

Moravia. Ti presenti indipendente candidato nelle liste del PCI per il Parlamento Europeo. Ma nelle penultime elezioni nazionali hai rifiutato di presentare la tua candidatura per il Senato. Allora hai addotto come motivo del rifiuto il fatto che sei un uomo di lettere e che la politica ti avrebbe impedito di dedicarti alla letteratura. Non c'è contraddizione tra il tuo rifiuto di allora e la tua accettazione di adesso?

Moravia. Per una quantità di motivi, certamente non ultimo quello che sono un uomo di lettere, non amo la vita pubblica. Intanto, non mi piace il potere, né piccolo né grande, almeno per me, il gioco non vale la candela. E poi, l'artista, per sua natura, non è fatto per fare politica. L'arte, anche quella dell'artista più modesto, vuole la ricerca dell'assoluto: la politica, anche quella dell'uomo politico di genio, la ricerca del possibile, del relativo, del contingente. Dagli uomini politici che cercano l'assoluto, bisogna guardarsi: Hitler cercava l'assoluto, Stalin cercava l'assoluto.

D. Mi sembrano delle ragioni valide per tenerti lontano dalla politica. Ma allora perché la candidatura al Parlamento Europeo?

R. Ho detto che l'artista cerca l'assoluto. Ora il motivo per il quale pongo la mia candidatura al Parlamento Europeo non ha niente a che fare, almeno direttamente, con la politica, e, appunto, comporta la ricerca dell'assoluto. È stato un particolare aspetto, purtroppo, di questa ricerca a determinare la mia candidatura.

D. Perché purtroppo?

R. Perché si tratta di una materia ripugnante, triste, assurda e, in fondo, specie se confrontata con le sublimi quanto inutili complicazioni dell'arte, poco interessante.

D. Cioè?

R. È il dibattito sugli armamenti nucleari.

D. Ora che te ne importa degli armamenti nucleari? Non hai forse detto che sei un artista? Che cosa hanno a che fare gli armamenti nucleari con l'arte?

R. Hai ragione; poco o niente. Ma la questione non si pone così, almeno per me. La questione è che il problema nucleare da qualche tempo si è installato nella mia mente con gli stessi caratteri di necessità espressiva che sono propri dei problemi artistici. Ad occuparsi del problema nucleare per dirla con una frase infantile "non lo faccio apposta". Perciò la mia candidatura al Parlamento Europeo non è dovuta a un motivo di interesse strettamente personale ma ad una necessità, diciamo così, interiore. In parole poverissime: da qualche tempo io sono "ossessionato" dal problema nucleare.

D. Vuoi dire che ne hai preso coscienza?

R. Sì, ma in maniera ossessiva. Non posso dire le origini di questa ossessione, non posso indicarne le cause. Due anni fa sono stato invitato in Giappone dal Japan Foundation, una grande istituzione culturale. Prima di me era stato invitato Borges che non è certamente ossessionato dal problema nucleare. Da notarsi che ero stato altre volte in Giappone, avevo già visitato a Hiroshima il luogo dell'esplosione nucleare ma non me ne ero occupato più di tanto. Questa volta, invece, di fronte alla lapide dei martiri di Hiroshima che por-

84

ta la scritta enigmatica "Riposate in pace perché noi non ripeteremo l'errore", mi sono accorto, cioè ho preso coscienza, che il problema nucleare, alla fine, mi riguardava personalmente. Allora ho deciso di fare un'inchiesta sulla bomba intervistando intellettuali e uomini di religione giapponesi e l'ho pubblicata su *"L'Espresso"*. In seguito, sempre per *L'Espresso* ho fatto la stessa inchiesta in Germania, interrogando militari e scrittori, e in Unione Sovietica, ponendo le stesse domande a personaggi ufficiali.

D. Tuttavia, questa tua cosiddetta "ossessione" non ha lasciato traccia sulla tua opera letteraria.

R. Al contrario, da due anni almeno vi si è introdotta a forza, quasi mio malgrado. Nel mio libro *La cosa* il tema nucleare è al centro di un racconto intitolato "Il diavolo non può salvare il mondo". Inoltre ho scritto e presto pubblicherò un dramma, *La cintura* e un romanzo, *L'uomo che guarda*, nel quale l'argomento nucleare è determinante.

D. Sei stato soddisfatto nelle tue inchieste giornalistiche?

R. No, deluso.

D. Perché?

R. Per forza di cose e senza colpa di nessuno, dato il modo con il quale sono fatti i mass-media in Italia e altrove, le mie inchieste sul tema supremo dell'estinzione possibile e prossima della specie umana si sono perdute nel frastuono delle infinite informazioni su tutto e il contrario di tutto.

D. Tu parli della morte della specie, cerca, diciamo così, di illustrarmi questa frase al tempo stesso oscura e sinistra.

R. Debbo fare una premessa fondamentale: le cose nel mondo, per quanto riguarda il problema nucleare, sono giunte ormai al punto che non si può trattare questo argomento senza porre ogni uomo di fronte al dilemma: "Sei per la Specie o per il socialismo?" "Sei per la Specie o per il liberalismo?" "Sei per la Specie o per la rivoluzione?" "Sei per la Specie o per la conservazione?" "Sei per la Specie o per il partito?" "Sei per la Specie o per l'ideologia?" e così via e così via.

D. Che vuol dire questo? A me fa l'effetto di una intimidazione se non addirittura di un ricatto.

R. Vuol dire che: "Davanti ai disastrosi pericoli che dobbiamo fronteggiare, è dovere di ogni uomo di buona volontà opporsi alla presunta minaccia. Tutte le altre controversie che ci preoccupano ogni giorno, economiche, politiche, ideologiche e religiose non sono poca cosa ma paragonate ai pericoli di una guerra nucleare, sembrano perdere la loro urgenza". (Documenti della Pontificia Accademia delle Scienze. Dichiarazione sulla prevenzione della guerra nucleare.)

D. In breve e in altre parole, vista l'urgenza del problema nucleare tu pensi che bisognerebbe "sospendere" la lotta tra Ovest e Est, finché non sia raggiunto il disarmo totale?

R. Certo. In altre parole bisogna evitare la guerra nucleare e cioè la fine del mondo e poiché né Ovest né Est ne sembrano capaci, accantonare, almeno provvisoriamente, i loro valori e comunque sottoporli ai valori della specie.

D. Ma quali sono i valori della specie?

R. Sono i valori, per dirla alla maniera dei Greci, della filantropia, cioè dell'amicizia per gli uomini. Il mondo moderno così a Ovest come a Est, benché a parole pretenda il contrario, si dimostra coi fatti profondamente misantropo.

D. Ma a te, personalmente, come si presenta la filantropia? Quali sentimenti ispira?

R. Di fronte alla possibile catastrofe nucleare ricordo di essere un artista e un intellettuale e provo, prima di tutto, un senso di enorme, incredulo stupore. Mi dico: "Ma allora, tanti secoli, millenni di sforzi; tanti imperi, regni, stati, nazioni, tante civiltà, società, culture; tanta arte, tanto pensiero; e poi tutto finisce nel tempo di un attimo: con un tuono assordante e una fiammata". A questo sentimento di stupore si accompagna il sospetto di uno scherzo sinistro, di una mistificazione mostruosa: tutto quello che abbiamo fatto finora per secoli e secoli ci porta a perire come formiche spruzzate dall'insetticida. Infine, talvolta, ho la sensazione sconcertante che l'umanità in qualche momento della sua lunga storia, abbia sbagliato strada, per esempio ai tempi del Rinascimento, cioè agli inizi del pensiero scientifico moderno, e abbia imboccato il cammino irreversibile della propria estinzione. Altre specie animali, prima della specie umana, hanno sbagliato strada, si sono estinte, a esempio, i grandi rettili, i dinosauri.

D. Ma infine che cos'è per te, positivamente e razionalmente la catastrofe nucleare?

R. Potrei dirti che il cosiddetto "giorno dopo", con centinaia di milioni di moribondi (hanno detto: i sopravvissuti invidieranno i morti), è la notte nucleare, l'inverno nucleare cioè la morte per fame, per freddo e radioattività, che è il crollo della civiltà ossia di tutto ciò che permette oggi ad alcuni miliardi di persone di convivere sul pianeta. Potrei dirti... ma voglio tacere quello che riguarda il "giorno dopo" e parlare invece di quello che si può fare il "giorno prima" per prevenire la guerra.

D. Vuoi tenerti alla filantropia?

R. Sì.

D. E allora?

R. E allora l'idea di ricorrere alle armi nucleari per risolvere i conflitti ideologici ed egemonici tra le nazioni mi sembra la tipica malattia mentale del momento storico che attraversiamo, come la peste e la lebbra erano le malattie tipiche del Medioevo. Mi rendo conto che semplifico, con questa metafora, un problema enormemente complicato. Ma penso veramente che forse sarà possibile prevenire lo scoppio della guerra nucleare come si previene lo scoppio di una epidemia...

D. Con quali mezzi?

R. Tempo fa una rivista americana diede ad una inchiesta sul "giorno dopo" il titolo significativo di "pensando l'impensabile". Ora è proprio così, il problema nucleare per i suoi caratteri di terribilità, di assurdità, di totalità, per le sue oscure connessioni con le massime questioni che da sempre hanno affaticato la mente umana, può sembrare che superi la capacità del nostro pensiero e diventi impensabile. E invece no, il solo modo di prevenire la guerra atomica è "pensare" fino in fondo il problema nucleare.

D. E cioè?

R. Trattare, avendo come scopo il disarmo prima nucleare e poi totale. Prendere coscienza e far sì che così i dirigenti murati vivi nei linguaggi specialistici della guerra come le masse manovrabili e fatalistiche, prendano coscienza.

D. Ne prendiamo "soltanto" coscienza?

R. Sì, non fino al punto di creare, accanto ai molti tabù che hanno permesso l'avventura umana, come per esempio i tabù dell'incesto, anche, non meno indispensabili oggi, il tabù della guerra.

D. Se non sbaglio questa volontà illuministica è all'origine della tua candidatura al Parlamento Europeo in quanto luogo dove un dibattito sugli armamenti nucleari potrebbe portare a risultati positivi?

R. Sì.

(*Corriere della Sera*, 9 maggio 1984)

MA IO SONO UNA PURA COLOMBA

Io invece sono un pacifista puro. Per spiegare perché, parlerò della mia candidatura al Parlamento Europeo. Mi è stato chiesto perché mi candido come indipendente nelle liste del Pci. Potrei cavarmela rimandando il curioso ai programmi del partito che mi presenta. Ma io non faccio parte, non ho mai fatto parte di un partito; e se le parole hanno un senso, poiché mi presento come "indipendente", ci tengo ad esserlo e di conseguenza mi trovo nella difficile situazione di essere privo di idee, salvo quelle che spero di farmi venire, via via, ogni volta che, come adesso, vorrò spiegare perché ho posto questa mia candidatura.

In fondo lo scopo che dovrebbe porsi ogni candidato "indipendente" è un po' simile a quello che si prefiggeva Wittgenstein: sottoporre il linguaggio politico ad una analisi critica, per curarlo e possibilmente guarirlo delle cosiddette "malattie linguistiche". Per esempio, sarebbe interessante, sottoporre alla cura la parola "parlamento" e vedere se è una parola "sana" oppure "malata" cioè carica di significati moribondi, morti o addirittura putrefatti. Da una simile analisi potrebbe forse venire fuori un significato nuovo, in perfetta salute.

Ma sento adesso già qualcuno spazientirsi e chiedermi di prendere la parola "parlamento" nel senso del senso comune, e magari quello del primo dizionario che mi venga sottomano: "assemblea politica, rappresentativa dello stato moderno" ecc. ecc. e dire che cosa, posto che io sia eletto, ci vado a fare in una simile riunione.

Giusto. Ma mentre la parola "assemblea" non mi mette in difficoltà, la parola che segue immediatamente "politica" mi riempie di imbarazzo. Potrei certamente far parte di un Parlamento; ma data la mia particolare posizione circa la materia da trattarvi non vedo come potrei trattarla "politicamente".

Mi spiego. Ho accettato di porre la mia candidatura per un motivo solo: portare un contributo minimo al dibattito per il disarmo nucleare. Questo è tutto, proprio tutto, non c'è assolutamente altro. Tanto è vero che avrei accettato la proposta della candidatura anche da qualsiasi altro partito della generica sinistra che è poi l'area in cui mi sono mosso dalla Liberazione in poi. Ora tornando alla parola "politica" penso che tra politica e disarmo nucleare non c'è né può esservi alcun rapporto, neppure indiretto; che pensare di arrivare al disarmo attraverso la politica è come pensare di arrivare alla costruzione di una casa cominciando dal tetto.

Cosa voglio dire con questo? Voglio dire che tra la politica, che nel caso sta a indicare trattative tra due o più stati, e l'arma atomica che vuol dire morte della specie umana, c'è un'incompatibilità fondamentale che non può non influenzare le trattative stesse facendole naufragare prim'ancora che vengano iniziate. Si può, infatti, teoricamente trattare per armi che lascino un cinque per cento di possibilità di sopravvivenza; ma non si può trattare per quelle armi nucleari che sono al cento per cento letali. In questo secondo caso, avviene una trasmutazione dei significati che mi pare, appunto, significativa: al posto delle trattative vediamo le vicendevoli minacce di estinzione; al posto della ragione, il terrore; al posto dei negoziatori, dei potenziali assassini.

Non so che cosa ci riserbi il futuro per quanto riguarda il dibattito sul disarmo nucleare. Di una cosa sola, però, sono sicuro: che esso andrebbe sottratto alla sfera politica e messo in atto altrove. Come c'è un "altrove" geografico, così c'è un "altrove" etico: è là che bisognerebbe sviluppare il dibattito sul disarmo. A che serve, infatti, parlare di disarmo quando colui stesso che ne parla è "armato" in ogni suo pensiero, in ogni sua intima fibra?

(*L'Espresso*, 20 maggio 1984)

E SE LA TRATTATIVA DURA PIÙ DI UNA VITA?

Presto, a quanto pare, le trattative per il disarmo nucleare tra Usa e Urss verranno riprese. Ora le probabilità sono due: che si faccia il disarmo; che il disarmo non si faccia ma si facciano le trattative nel senso che le trattative non siano definitivamente abbandonate ma soltanto rimandate ad un'occasione migliore.

Tralasciando la prima prospettiva che, almeno per ora, appare utopistica, veniamo alla seconda. Dunque le trattative continueranno. Ma che vuol dire questo veramente? Vuol dire che oltre un certo limite di tempo, esse cesseranno di avere come scopo il disarmo e diventeranno, come dire? fine a se stesse. Abbiamo detto "un certo limite di tempo", apposta. È chiaro infatti che una trattativa che si prolunghi mettiamo per cinque anni non è fine a se stessa; è soltanto una trattativa lunga. Ma diventa fine a se stessa nel caso che duri più della durata media della vita umana.

Perché prendiamo come parametro la durata della vita umana? Perché questo è in fondo, a ben guardare, il criterio che adottiamo di solito per distinguere il provvisorio dal permanente. Una trattativa, qualsiasi trattativa, è di per sé provvisoria, serve a creare un accordo tra le parti allo scopo di passare da una situazione ad un'altra. Ma se la trattativa invece che cinque anni ne dura cento, allora essa cessa di essere provvisoria e diventa permanente: infatti la durata media della vita umana, almeno in Europa, è intorno ai settant'anni.

Si obietterà a questo punto: cento anni o cinque che importa? Il fine resta lo stesso, la pace. Eh no, eh no, le cose non stanno così.

Un uomo che sia nato allorché le trattative per il disarmo atomico erano già cominciate e che venga a morire in tarda età, con le trattative pur sempre in corso, non potrà non considerare le trattative stesse come qualche cosa di permanente, come il levare del sole e altri fenomeni naturali. Mettiamo poi che questo stesso uomo sia uno dei tanti politici, militari, diplomatici, economisti, scienziati ecc. coinvolti nelle trattative, allora si vedrà che le trattative sono state addirittura lo scopo della vita di tutte queste persone, non la pace, si noti, ma proprio le trattative. Così le trattative, diventando fini a se stesse, diventano anche e soprattutto il fine delle vite di coloro che trattano e di conseguenza il fine dei popoli in nome dei quali trattano cioè il fine dell'umanità intera.

Ora facciamo un passo indietro. Qual è, o meglio, qual era lo scopo delle trattative prima che diventassero permanenti? L'abbiamo già detto: il disarmo nucleare. Ma poiché la guerra nucleare significherebbe senza alcun dubbio la fine del mondo, almeno come lo conosciamo oggi, allora, in realtà, l'oggetto delle trattative diventa ciò che succederà se non si disarmerà. E infatti qualcuno ha già detto ingegnosamente: minacciano la fine del mondo per evitare la fine del mondo.

Tuttavia il mondo non finirà; con ogni probabilità prevarrà l'istinto di conservazione. Ma gli effetti di questo carattere permanente delle trattative saranno molti e profondi. Si parla, per esempio, con assai poco costrutto, di creare una cosiddetta cultura della pace. Ora non ci si rende conto che la vera cultura della pace è stata la cultura quale si è sviluppata finora attraverso i secoli. Ma con le trattative permanenti per evitare o meno la fine del mondo, sarebbe più giusto dire che andiamo incontro ad una cultura delle trattative, cioè ad una cultura del provvisorio eretto per forza di cose, alla dignità del permanente.

2 dicembre. Ho letto in questi giorni *La fornace* di Thomas Bernhard, di cui Pietro Citati ha detto tutto il bene possibile in questo stesso giornale non tanto tempo fa. Dello stesso autore avevo letto *Perturbamento*. Bernhard, a dirla in breve, anzi, brevissima, rappresenta o meglio mima quello stato di confusione non privo di metodo e di relativa lucidità che va sotto il nome di delirio. Egli ha notato che il delirio si basa spesso sulla ripetizione e procede infatti per iterazione e addizione, facendo, per così dire, ad ogni riga, un passo avanti e due indietro. L'influenza di Kafka è palese sia nella visione del mondo sia nell'ambientazione: in *Perturbamento* addirittura c'è lo stesso ambiente alpino e feudale che è ne *Il castello*. Ma Bernhard non ha la serenità tragica che fa di Kafka un classico sia pure catastrofico; in lui prevale la mimesi dunque la rabbia: per raccontare il delirio la sua scrittura si fa essa stessa, tecnicamente, delirante attraverso una ingegneria stilistica basata sulla reiterazione ossessiva di un motivo esterno al discorso.

Ma questo non è il punto che più importa. Il punto principale è che Bernhard vuole chiaramente fornirci una metafora dello stato delle cose oggi nel mondo. Qui il giudizio non può essere che sospeso. Infatti bisognerebbe vedere se la metafora è esatta, cioè corrisponde, come sembra che voglia l'autore, ad una realtà oggettiva. Ora questo non sarà possibile appurarlo prima che trascorra molto tempo e l'epoca che noi chiamiamo moderna sia diventata un'epoca del passato come tante altre.

Per esempio oggi noi vediamo chiaramente che gli artisti dell'età barocca erano deliranti; ma l'epoca non lo era affatto come del resto si è visto nel secolo seguente allorché i "perturbamenti" secenteschi sono caduti. Naturalmente, la metafora di Bernhard potrebbe anche annunziare, invece, l'avvento di un'epoca del tutto delirante: anche questo può succedere.

3 dicembre. Sono stato in questi giorni a Milano per un dibattito con Testori su Manzoni. Naturalmente, come spesso avviene, subito dopo il dibattito, mi sono accorto che parlando della religione dei *Promessi sposi* non avevo abbastanza insistito sul fatto che è un romanzo scritto non già da un cattolico, diciamo così, innato come Dante o il Tasso, ma da un convertito e per giunta da un illuminista convertito, cioè da un convertito che non si convertiva a partire da un passato ormai moribondo, come poteva essere il paganesimo per Sant'Agostino, ma da un passato molto recente, quello dell'illuminismo appunto, che, almeno al tempo di Manzoni, si configurava come il futuro.

Una simile conversione, alla fine, quando tutto è stato detto non può non portare alla consapevole volontà di affermarne la legittimità storica anche in un romanzo, se il convertito, come era il caso del Manzoni, è, o aspira ad essere un romanziere. Naturalmente un uomo religioso può anche scrivere un romanzo nel quale la religione non abbia un ruolo determinante, come è il caso del Cervantes che pure era un buon cattolico. Ma è difficile che un convertito scriva un romanzo senza mettere al centro della vicenda la conversione. E che la metta senza cercare a sua volta di convertire il lettore.

4 dicembre. Eletto deputato al Parlamento Europeo con il proposito pubblicamente dichiarato di servirmi di questa elezione per fare la propaganda al disarmo nucleare, cerco logicamente il cosiddetto "contatto" con il pubblico attraverso i mass-media, soprattutto, da ultimo, la televisione. Ci sono almeno tre trasmissioni con molti milioni di ascoltatori dove è possibile presentarsi e parlare liberamente delle cose che stanno a cuore e finora sono apparso in due di questi spettacoli.

Non so come vanno queste cose negli altri Paesi, ma qui in Italia è subito chiaro che la gente per lo più considera la televisione come un passatempo, includendo in questo termine anche le cose più serie e impegnative. Del resto questa tendenza a prendere l'informazione come passatempo si estende perfino ai telegiornali; le notizie, anche le più terribili, come quelle delle catastrofi ecologiche, vengono messe d'istinto dal pubblico al livello dei film di orrore, cioè dei film che divertono con la paura.

In altri termini, anche per la propaganda antiatomica si avverte subito la tendenza al "consumo", cioè ad escludere dalla coscienza le informazioni, a confinarle nella zona provvisoria del divertimento cioè, in fondo, della distrazione. È uno strano divertimento sentirsi dire che può accadere, da un momento all'altro, che moriremo tutti bruciati vivi. Ma non ha forse detto Pascal che l'uomo vuole divertirsi per dimenticare le proprie miserie e che, tra tutti i divertimenti, il più pericoloso per la vita cristiana è la commedia?

Ora ho spesso avuto l'impressione, alla televisione, che la mia propaganda antinucleare diventasse appunto commedia cioè spettacolo nel momento stesso che apparivo sullo schermo. Insomma: l'informazione sulle proprie miserie per dimenticare le miserie stesse. Qualche cosa come se Baltasar avesse scambiato la mano che scriveva sul muro della reggia le tre parole profetiche: "Mane, Tecel, Fares" per una bella trovata dei suoi cortigiani, allo scopo di rallegrare il banchetto con un indovinello di nuovo genere.

La commedia, del resto, comincia con l'uso del mezzo della televisione. Non ripeterò la nota frase di McLuhan: "Il mezzo è il messaggio"; mi limiterò a dire che ogni trasmissione televisiva si basa su una certa "tecnica" spettacolare, alla quale non è possibile sottrarsi; di conseguenza, il divertimento cioè la distrazione comincia proprio da questa tecnica, meglio dall'apprezzamento della tecnica da parte del pubblico. Ma allora non è dunque possibile fare arrivare al pubblico quello che si considera la verità? Sì, forse, ma soltanto se il pubblico è preparato, culturalmente, a riceverla.

Nel caso della mia propaganda, io ho ricavato l'impressione che non soltanto questa preparazione non c'è ma c'è, sia pure in maniera inconscia, la preparazione di segno opposto. Mi spiego: è fuori dubbio che le masse non desiderano che il mondo finisca; ma nello stesso tempo esse fanno di tutto affinché si moltiplichino gli indizi della fine. Che per esempio è già cominciata con il disastro ecologico, le megalopoli, la sovrappopolazione ecc. Insomma le masse non riescono a vedere il rapporto che passa tra il pericolo atomico e, appunto, quello che si chiama civiltà di massa. In questa incapacità di stabilire relazioni tra cose diverse e concomitanti consiste la loro impreparazione.

(*Corriere della Sera*, 16 dicembre 1984)

REAGAN TRA GLI INCUBI DEL PASSATO E DEL FUTURO

Diario Europeo

Ore 17, 7 maggio. L'arrivo di Ronald Reagan, previsto per domani già spacca il Parlamento Europeo nelle due fazioni fondamentali dell'Europa che potrebbero essere chiamate sia filoamericana o antiamericana, sia progressista e conservatrice, sia di destra o di sinistra, sia in altri modi espressivi dell'ambiguità di un continente come il nostro che sta morendo di quello di cui è vissuto cioè della diversità e molteplicità delle nazioni di cui è composto. Un indizio della schizofrenia europea è oggi la gita al campo di concentrazione di Struthof, a 40 chilometri da Strasburgo, alla quale verranno soltanto i progressisti, da cui si asterranno i conservatori. Ora perché estendere la querelle politica a una visita come questa, il cui significato non è né può essere politico?

Gli autobus colmi di deputati filano dolcemente per l'addormentata e annebbiata campagna alsaziana, resa verdeggiante e fradicia dalle continue piogge primaverili. Il cielo è pieno di leggere nuvole azzurre e rosa; potrebbe piovere come potrebbe invece spuntare il sole. Mentre gli autobus fanno risuonare la vallata con le

99

loro trombe simili a richiami di corni da caccia, non posso fare a meno di guardare al paesaggio "con gli occhi" del deportato di anni nazisti e, infatti, sbaglio previsione. Mi ero messo in testa, proprio come un deportato che ancora ignora tutto del campo dove perirà, che Struthof fosse in pianura; e invece, con sorpresa, vedo ad un tratto che gli autobus prendono a salire, un tornante dopo l'altro, su per una collina, attraverso una folta e disabitata foresta. Poi, a un tratto, capisco. Questa strada che gira e gira su per la collina, senza traccia di abitazioni o di presenze umane, è il cordone ombelicale che serviva a collegare il mostro Struthof al corpo materno del sistema concentrazionario nazista. E il carattere solitario e recondito del luogo rispondeva ad un bisogno di segretezza: la popolazione, anche quella delle valli più vicine, non doveva sapere che in cima a quella amena e boschiva collina si praticava lo sterminio di massa.

Ecco il campo: uno spiazzo, un pennone dal quale, nell'aria umida e carica di pioggia sventola la bandiera francese, una porta fitta di fili di ferro spinati, un semplice monumento di una pietra giallina simile al nostro travertino e, immediatamente sotto il parapetto dello spiazzo, il campo. Si vedono i reticolati ad alta tensione del recinto, le baracche e le torri di guardia di un bruno legno stagionato che ricorda le baite dei boscaioli, gli spazi vuoti dove si bastonava, si impiccava, si fucilava, si torturava in mille modi inspiegabilmente sadici. Un'aria di infamia defunta e di tristezza eterna emana da questo luogo di morte oggi ripulito, ordinato, elevato a monumento nazionale. Ma forse, proprio a causa di questa monumentalizzazione, non si può fare a meno di pensare che l'Europa, dopo i campi di sterminio, non sarà mai più la stessa. Fino ai campi esclusi, per analogia di civiltà, l'Europa poteva essere paragonata alla Grecia. Ma la sublime luce greca non ha conosciuto l'eclisse tenebrosa e suicida del genocidio.

Ore 14,30, 8 maggio. Puntualmente, alle due e mezzo, Ronald Reagan entra nell'emiciclo del Parlamento Europeo. È vestito di blu; tra i tanti che lo circondano e lo seguono, appare il più alto, il più atletico. Vedendolo salire alla tribuna con grande naturalezza e sicurezza, si pensa ovviamente alla scuola di comportamento pubblico che sono stati per lui gli anni passati negli studi cinematografici. Ad ogni modo colpisce subito in Reagan il bunueliano fascino discreto del successo legittimo e normale. Sì, Reagan non ha nulla dei dittatori demagogici degli anni Trenta, europei e no, anche se le folle che hanno votato per lui sono senz'altro più numerose di quelle di allora; egli è un uomo politico americano eletto normalmente dalla gente normale del suo Paese, secondo leggi normali. Tanto più "anormale" apparirà di conseguenza quella parte del suo discorso che riguarderà il problema atomico.

Reagan parlerà per circa tre quarti d'ora, leggendo su uno schermo invisibile situato all'altezza degli occhi, con voce ben timbrata, chiara e naturale, qualche volta retoricamente sentimentale qualche volta consapevolmente dura, ma pur sempre con la visibile e contraddittoria volontà di piacere agli europei e al tempo stesso far sentire loro quanto gli Stati Uniti siano più potenti della prospera, melanconica e disunita Europa. Il suo discorso si svolgerà così: tutta una metà dell'emiciclo, nella quale si trovano i democristiani, i conservatori, i liberali e le destre, lo applaudirà freneticamente, con fervore aggressivo ma spesso immotivato, cioè senza tenere troppo conto di quello che va dicendo come in maniera programmata in anticipo. Tutta l'altra metà dell'emiciclo, composta dai socialisti, dai socialdemocratici e dai comunisti resterà zitta e immobile, in maniera non meno programmata. Infine, zitti in piedi nel passaggio in fondo all'aula che porta all'uscita, una ottantina di deputati laburisti, verdi ecologici e affini lo contesteranno sistematicamente con boati e cartelli grandi e piccoli con scritte antinucleari.

L'effetto combinato della volontà di Reagan di piacere e soggiogare gli europei e della volontà degli europei sia di applaudirlo comunque sia di disapprovarlo comunque sarà, non tanto stranamente, una completa mancanza di comunicazione. Reagan non comunica con i suoi amici e i suoi avversari e loro non comunicano con lui. Perché questo? Eppure Reagan "vuole" comunicare; eppure gli europei, sia in maniera positiva sia in maniera negativa, "vogliono" comunicare.

Mi pongo la domanda durante il discorso e ad un tratto mi sembra di avere trovato la risposta. Proprio la "volontà" di comunicare di Reagan e degli europei, provoca l'impossibilità della comunicazione. In una assemblea americana, Reagan e i suoi avversari e fautori non avrebbero "voluto" comunicare: avrebbero comunicato. La "volontà" di comunicare sta a indicare estraneità, incomprensione, distanza, diversità e ignoranza.

Quanto al discorso, soprattutto a me che sto qui in quest'aula per il programma antinucleare, esso fa un duplice sconcertante effetto. Da una parte, non posso fare a meno, come ho già detto, di essere colpito dal fatto che un uomo politico così "normale" come Reagan cioè rappresentativo della normalità del proprio Paese possa considerare "normale" qualche cosa di così "anormale" come l'arma nucleare. Questa contraddizione ispira angoscia e smarrimento. Come! Dobbiamo dunque vivere in un mondo nel quale le due superpotenze parlano di sicurezza "a partire" dall'esistenza ormai ammessa e, diciamo così, pacifica dell'arma nucleare e non a partire dall'abolizione di quest'arma? Come! È mai possibile che, come è stato detto, si possa minacciare la fine del mondo per evitare la fine del mondo? Come! Non ci si rende conto, così a ovest come a est, che non si può più parlare di guerra nel modo che ne parlava quasi due secoli fa von Clausewitz come di una continuazione con altri mezzi (nel caso l'altro mezzo sarebbe l'arma nucleare) della politica del tempo di pace?

L'altro effetto del discorso di Reagan, specie quando affronta l'argomento delle cosiddette guerre stellari, è di tutto altro genere. Come si sa, a partire dal 23 marzo 1983 quando ha annunziato che era stato trovato il modo di rendere "obsoleti e impotenti" i missili atomici grazie, appunto, alle guerre stellari, Reagan non ha fatto che insistere su il costosissimo e probabilmente irrealizzabile programma delle "Star War" ovvero della "SDI" (Iniziativa di Difesa Strategica) con un entusiasmo irrazionale e ostinato che ha fatto dire allo specialista di questioni strategiche Ian Davidson che "il presidente Reagan può forse essere descritto più come un visionario morale dell'ispirazione etica che come uno stratega o un esperto di tecnologia". E infatti le guerre stellari con le loro battaglie tra piattaforme protette da corazze e munite di raggi laser, di fasci, di particelle neutre e di missili atomici sembrano proprio il sogno fantascientifico di un visionario che oscilli tra l'Apocalisse di San Giovanni e i fumetti di Superman.

Ma non è forse anche questo un sogno "normale" da parte di un popolo che per la prima volta nella sua storia si vede minacciato nel suo territorio e sogna, appunto, di spostare la minaccia nel cosmo nel quale le battaglie decisive del genere di Azio, di Lepanto, di Trafalgar si svolgeranno lontano dalla terra, negli spazi siderali dove tutto è silenzio, vuoto e notte?

(*Corriere della Sera*, 17 maggio 1985)

DIFENDO QUESTA GRANDE MACCHINA
DELLA CIVILTÀ

Il 28 gennaio 1985, il presidente dell'Argentina, il presidente del Messico, il primo ministro dell'India, il presidente della Tanzania, il primo ministro di Svezia, il primo ministro di Grecia, hanno firmato una dichiarazione comune sul disarmo. Da questa dichiarazione, ricaviamo il passaggio seguente: "Nel corso degli ultimi decenni, sia le nazioni, sia i singoli individui hanno perso in modo quasi impercettibile il controllo sulla propria vita e la propria morte; un piccolo gruppo di uomini e di macchine, in città molto lontane, decidono della nostra sorte. Ogni nostro giorno è un giorno di grazia, come se l'intera umanità fosse un prigioniero in attesa del momento non ancora fissato dell'esecuzione".

Citiamo questo passaggio perché ci torna utile per definire un serio discorso sulla pace e sul disarmo.

Pensiamo che è del tutto inutile descrivere gli effetti terribili della guerra nucleare con lo scopo di evitarla. La guerra nucleare è sinonimo di morte, morte individuale e morte collettiva, morte della civiltà e morte della specie, morte comunque certa e totale, senza eccezioni di alcun genere. Ora a che serve descrivere le modalità di questa morte? Sarebbe come se ognuno di noi passasse il tempo a parlare della propria morte naturale, inevitabile quanto tacitamente accettata.

Ma il prigioniero in attesa dell'esecuzione di cui si discorre nella dichiarazione sul disarmo già citata, lui, sì, non può fare a meno di pensare alla morte, di rappresentarsela e di viverla nell'angoscia e nella disperazione. Che vuol dire questo? Vuol dire che il vero disastro della guerra nucleare non è l'arma atomica con la sua terribilità e la sua crudeltà, ma l'attesa della guerra stessa e gli effetti di quest'attesa sull'umanità.

Di questi effetti, il meno che si possa dire è che essi si possano sintetizzare con una parola sola: degradazione. L'attesa del prigioniero condannato a morte ha come effetto uno stato d'animo disperato e inerte: a che serve fare una qualsiasi cosa se non c'è un futuro, se non c'è una prospettiva d'avvenire? Ma questo stato d'animo individuale diventa, a livello collettivo, visione del mondo: l'individuo raramente oltrepassa lo stato d'animo; le collettività, invece trasformano d'istinto lo stato d'animo in filosofia.

Non è difficile immaginare quale potrebbe essere la filosofia dell'umanità condannata a morte. Non mancano già oggi indizi vistosi ed eloquenti: disaffezione per tutte quelle ideologie utopistiche che comportano fiducia e speranza nell'avvenire, come per esempio il socialismo reale e no, e sotto quest'aspetto sarebbe l'Unione Sovietica, come superpotenza nucleare, ad essere la più colpita. Abbandono di ogni volontà di competizione, di ogni spinta al miglioramento individuale, ed è chiaro, che in questo caso, l'altra superpotenza atomica, gli Stati Uniti, sarebbe a sua volta degradata. Infine, in tutti i paesi della terra, l'emergenza della criminalità singola e/o organizzata, e quella fuga da ogni responsabilità che più propriamente dovrebbe essere chiamata edonismo di massa.

L'aspetto più insidioso e terrificante di questa degradazione sarà la mancanza di una chiara coscienza della degradazione stessa che, probabilmente, verrà scambiata per una inevitabile e magari positiva mutazione storica e psicologica. In altri termini, gli uomini nasceranno disperati e degradati; disperazione e degradazione saranno naturali, congeni. Non ci sarà più l'uomo che si domanda: "Perché dovrei fare questo sforzo? Tanto il futuro non esiste più". L'uomo, semplicemente, non farà lo sforzo, senza neppure porsi il problema se farlo o meno. La lotta per il disarmo è in realtà la lotta per la continuazione della civiltà. La grande macchina della civiltà, con i suoi infiniti e delicatissimi congegni, rischia di essere colpita al cuore. Una ad una, le sue ruote, le sue leve, le sue bielle rallenteranno i loro movimenti e alla fine si fermeranno.

È probabile che la guerra nucleare non scoppierà perché i governi sanno benissimo che essa porterebbe alla fine della civiltà e della specie. Ma la minaccia della guerra, protratta oltre i limiti della vita umana, cioè in maniera da diventare qualche cosa di stabile e, per così dire, di naturale, porterà ad effetti distruttivi diversi ma non meno funesti della guerra stessa. In altre parole: il mondo sarà ugualmente distrutto non dalle bombe atomiche, ma dalla sola presenza delle bombe.

Tutto questo è desunto dalla breve frase già menzionata: negli ultimi decenni sia le nazioni che i singoli individui hanno perso in modo quasi impercettibile il controllo sulla propria vita e sulla propria morte. Ma alla fine che vuol dire questo? Vuol dire che, senza che ce ne rendessimo conto, una tirannide senza precedenti si è stabilita sul mondo intero. Infatti è proprio della tirannide in tutti i tempi e in tutti i luoghi di togliere ai sudditi il controllo sulla vita e sulla morte. Di conseguenza, la lotta per il disarmo è, alla fine, lotta per la libertà. L'arma nucleare è un'arma liberticida; la morte della libertà sta non già nel suo uso ma nella sua stessa esistenza. L'arma nucleare non può essere oggetto di trattative politiche. Essa va eliminata totalmente e senza condizioni.

(*L'Unità*, 5 ottobre 1985)

IL MORBO ATOMICO È COME L'AIDS

Diario Europeo

1° ottobre. Ho sottomano una pubblicazione inglese del 1984 intitolata "Oxford research group" nella
quale vengono riportati i risultati di una inchiesta durata due anni su 800 posizioni chiave di influenti
membri dei gruppi dirigenti delle potenze atomiche.
Questi risultati si possono così riassumere: la divisione
fondamentale del mondo attuale non è tra nord e sud
o tra ovest e est, o anche tra capitalismo e socialismo
bensì tra élites nucleari e popolazioni ignoranti. In altri termini ci sarebbero più somiglianze, affinità e rap-
porti tra i gruppi dirigenti dei Paesi atomici che tra
questi gruppi e i popoli che si trovano ad esserne governati. Un dirigente atomico inglese, per esempio,
educato a Oxford o a Cambridge apparterrebbe di diritto, per educazione, mentalità, cultura alla *stessa* società sovranazionale a cui appartengono i dirigenti atomici sovietici, educati nelle università del loro Paese.
Da questa società sovranazionale sarebbero invece
esclusi i popoli che in tal modo apparterrebbero tutti
insieme ad un'altra immensa società, quella delle vittime ignoranti e impotenti di un'eventuale guerra nu-

cleare. La divisione tra popoli e dirigenti poi, sarebbe resa, per così dire, definitiva e permanente sia dal segreto di Stato che avvolge gli armamenti atomici e le trattative ad altissimo livello per abolirli, sia dal linguaggio ermetico ed esclusivo, scientifico-diplomatico adottato in questo che è giusto chiamare club atomico.

È una teoria che, se applicata alla realtà, spiega molte cose. La più importante è questa: a partire dal momento che si riconosce che esiste una élite atomica sopranazionale esclusiva e separata dai popoli, il problema delle armi nucleari cessa di essere un problema militare e politico e diventa un problema filosofico, storico e culturale, tipico della civiltà postindustriale o, se si preferisce, postmoderna. Per il suo carattere funesto e insolubile si potrebbe paragonare all'Aids, malattia-passaporto che apre il varco a tutte le altre malattie. La società sopranazionale del club atomico sarebbe dunque malata del morbo nucleare, senza distinzioni di nazionalità e di ideologia, di contro ai popoli che, loro, ne sono ancora esenti e sani. Ci sarebbe, insomma, una peste mentale nucleare come c'è stata, nel Medioevo, la peste dei bubboni. E allo stesso modo che l'Aids colpisce attraverso il sangue, così il morbo atomico colpirebbe attraverso il "linguaggio". Inoltre ambedue le malattie sarebbero *specializzate*, in quanto colpirebbero soltanto certi gruppi cosiddetti ad alto rischio. L'Aids: gli omosessuali e i tossicodipendenti, il morbo nucleare: i politici, i militari e i tecnocrati. Infine, alla distruzione dell'immunità provocata dal virus dell'Aids corrisponderebbe la distruzione del senso del reale provocata dalla malattia mentale nucleare. E alla fine ci sarebbe in ambedue le malattie, lo stesso genere di conclusione mortale.

2 ottobre. Se la bomba atomica scoppiasse di prima mattina mettiamo alle cinque, mi troverebbe sveglio e intento a guardare alla televisione. Dormo poco, da cinque a sei ore per notte e, aspettando di alzarmi, per mezz'ora o un'ora guardo al "Videomusic", le cui immagini in qualche modo si accordano molto bene con l'idea di una fine del mondo ballata, cantata e suonata. Il ballerino-cantante-suonatore che, con la bocca spalancata a gridare con enfasi le sue canzoni, con le due mani impegnate a strimpellare freneticamente il suo strumento, con le spalle e le anche scosse violentemente dal ritmo, mi si presenta in primi piani ossessivi, mentre intorno a lui e alle sue spalle succede di tutto e il contrario di tutto, è un personaggio emblematico del nostro tempo. Egli è per lo più una persona semplice, dal viso ispirato ma privo di profondità e di carattere, negro o mulatto o hippy o ragazzotto e comunque povero ed emarginato; e quello che gli succede intorno e dietro le spalle è nient'altro che la sua vita quotidiana, frantumata ed esplosa, cambiata in sogno e magari in incubo, raccontata per fulminee illuminazioni e pur sempre animata dai ritmi del rock. È una vita quotidiana povera e umile, suburbana ed emarginata: il surrealismo che la sconvolge e vi inserisce una atmosfera onirica, riesce ad essere insieme provinciale e kitsch; ma l'effetto è pur quello di suggerire l'idea del disimpegno e dell'attesa danzante e suonante di qualche cosa di molto simile ad una imminente apocalisse in formato ridotto.

In *Videomusic* la vita quotidiana, pur stravolta surrealisticamente, si presenta con alcuni aspetti tipici: puritana, i suoi sogni contengono molto sentimentalismo ma niente sesso; le donne sono buone ragazze appena graziose o addirittura bruttine, casalinghe dimesse, piccole impiegate, compagne di giochi; gli uomini sono tutti ragazzi o persone molto giovani e se la fanno spesso tra di loro in una "camaraderie" priva di sottintesi omosessuali. Ci sono tranquilli andirivieni per strade e campagne, macchine che partono e arrivano, conciliaboli, lampeggiamenti a più colori, volti femminili che sorridono fatali, personaggi misteriosi, risse, danze e, naturalmente, di fronte al suonatore-cantante-ballerino, in un mare di frenetiche braccia alzate ad applaudire. Forse un'immagine più dell'altre dà l'idea di questa vita quotidiana frantumata e trasformata in sogno: in una delle tante sequenze, più e più volte torna l'immagine di una lampadina la cui luce cresce di intensità fino a far scoppiare in tanti minutissimi frantumi il bulbo di sottilissimo vetro. Allo stesso modo la vita quotidiana del "Videomusic" esplode e poi riprende una forma riconoscibile poi esplode di nuovo e così via.

3 ottobre. Sun Tzu autore di *L'arte della guerra* è una specie di von Clausewitz cinese. Qui voglio riportare un passaggio del suo libro nel quale mi pare che sia condensata un'idea istruttiva sul militarismo, almeno quello dell'epoca preatomica. Ecco il brano:

Il re di Wu domandò un giorno a Sun Tzu: "Potete procedere ad una piccola dimostrazione sull'arte di dirigere i movimenti delle truppe?"

Sun Tzu rispose: "Sì, lo posso".

Il re domandò ancora: "Potete mettere in atto questa dimostrazione con delle donne?".

Sun Tzu rispose: "Sì".

Allora il re gli fece mandare dal palazzo ottanta donne giovani e belle.

Sun Tzu le divise in due compagnie e mise alla loro testa le due concubine preferite del re. Insegnò loro il maneggio dell'alabarda; quindi disse: "Quando vi ordino: 'faccia' giratevi di faccia a me; quando vi ordino: 'sinistra', giratevi verso la mano sinistra. Quando vi ordino: 'destra', giratevi verso la mano destra. Quando vi ordino: 'indietro', mostratemi le spalle".

Le donne dissero: "Abbiamo capito".

Intanto che venivano impartite queste disposizioni, il boia preparava la mannaia.

Poi Sun Tzu diede tre volte l'ordine, lo spiegò cinque volte e fece suonare il tamburo, col segnale: "Giratevi a destra". Allora, invece di girarsi, le donne scoppiarono tutte a ridere.

Sun Tzu disse: "Se le istruzioni non sono chiare, se gli ordini non sono ben spiegati, vuol dire che è colpa del comandante". Così di nuovo, egli ripeté gli ordini tre volte e li spiegò cinque volte e fece suonare il tamburo col segnale di girarsi a destra. Ma le donne, di nuovo, scoppiarono a ridere.

Sun Tzu disse: "Se le istruzioni erano chiare e ciononostante gli ordini non sono stati eseguiti, allora c'è delitto da parte degli ufficiali". E senza indugio ordinò che le due concubine capitane, quella della compagnia di destra e quella della compagnia di sinistra, fossero decapitate.

Il re di Wu che assisteva dalla sua terrazza alla scena, allorché vide che le sue concubine più amate stavano per essere decapitate, si spaventò e mandò a Sun Tzu un messaggio nel quale lo pregava di soprassedere all'esecuzione. Ma Sun Tzu rispose: "Sono il generale in capo. Un generale in capo non è tenuto ad ubbidire neppure al re".

Così ordinò che le due concubine fossero decapitate, per fare un esempio. Poi il tamburo suonò dando il segnale e questa volta le donne si voltarono a destra, a sinistra, di faccia, di schiena, si misero in ginocchio, si rialzarono e così via, esattamente come l'esigeva l'esercizio. Esse non osarono più ridere.

Allora Su Tzu disse: "Adesso il re può venire a passare in rivista le donne".

Il re rispose: "Il generale se ne vada pure nei suoi appartamenti. Non desidero passare in rivista le donne".

Sun Tzu commentò: "Il re non ama che le parole vuote. E non è capace di metterle in pratica".

Mi pare che quest'aneddoto illustra molto bene il carattere particolare di ogni disciplina militare. Ma è bello soprattutto per quel riso delle donne, tipico di tutto ciò che è frivolo, allegro e, perché no, civile. Quel riso che scompare dopo la decapitazione delle due concubine.

(*Corriere della Sera*, 6 ottobre 1985)

AL DI LÀ DELLA POLITICA

L'incontro Reagan-Gorbaciov e soprattutto lo stato d'animo misto di speranza e di disperazione con il quale vi assistono i popoli della Terra, mi ricorda una storia che mi è avvenuta, anni fa, in Inghilterra. Una mattina, all'alba, un mio amico inglese mi telefona proponendomi con strana urgenza una gita in macchina a Stonehenge, famosa località dove si trovano colossali menhir. Partiamo, usciamo da Londra, prendiamo a correre per strade di campagna. Allora mi accorgo che nell'atteggiamento del mio amico c'è qualche cosa di insolito: non parla, non ride, non mi guarda, guida in maniera sonnambulica, l'occhio fisso non tanto alla strada quanto a qualche suo persistente fantasma. Soprattutto guida in maniera inquietante, a velocità altissima, prendendo le curve in linea dritta, facendo i più spericolati sorpassi, infilando a tutto gas le straducce dei villaggi ancora assopiti nella nebbia del primo mattino. Ad un certo punto, subito dopo che la macchina ha evitato per miracolo il tronco di una quercia, non ho potuto fare a meno di protestare. Ma lui, senza guardarmi, ha risposto: "Mia moglie mi ha lasciato ieri sera. Non m'importa di morire". Al che, logicamente, ho ribattuto: "Ma io non voglio morire. Mia moglie non mi ha lasciato".

È una storiella forse frivola ma va a pennello per descrivere lo stato d'animo sospeso e atterrito col quale,
da quarant'anni, l'umanità segue la metaforica corsa
agli armamenti nucleari delle due superpotenze atomiche. Lo stato d'animo dell'umanità di fronte a questa
follia è descritto con precisione da alcuni capi di Stato
di paesi non allineati in una dichiarazione del 28 gennaio 1985 di cui citiamo il passo seguente: "Nel corso
degli ultimi decenni, sia le nazioni sia i singoli individui hanno perso in modo quasi impercettibile il controllo sulla propria vita e sulla propria morte, un piccolo gruppo di uomini e di macchine, in città molto lontane decidono della nostra sorte. Ogni giorno che passa
è un giorno di grazia come se l'intera umanità fosse un
prigioniero in attesa del momento non ancora fissato
dell'esecuzione".

In altre e più serie parole, la dichiarazione dice la
stessa cosa che ho detto al mio amico, quella mattina,
in Inghilterra: "Noi non vogliamo morire. Le nostre
mogli non ci hanno lasciato". Già perché alla fine,
quando tutto è stato detto, viene il sospetto che Stati
Uniti e Unione Sovietica vogliano morire perché le ri-
spettive consorti se ne sono andate. E come chiamere-
mo queste mogli che con la loro assenza ispirano la
smania suicida delle due superpotenze atomiche? La
grazia divina? Il rapporto col reale? La buona volontà?
Il senso comune? Certo la domanda si impone. Perché
mai americani e sovietici vogliono morire e, quello che
è peggio, far morire il mondo con loro? Perché invece
di tendere con tanta ostinazione verso la morte non si
trovano un'altra moglie?

Fuori di metafora, il sentimento che ci ispira l'incontro di Ginevra, non è né di speranza né di disperazione; ma di indignazione e di collera. Come! Sono
quarant'anni che si trascinano senza risultati le trattative sul problema assurdo se il mondo debba finire o no,
quarant'anni che si minaccia la fine del mondo per evitare la fine del mondo, e i mass-media del pianeta ven-

116

gono a dirci che dovremmo essere grati agli Stati Uniti e all'Unione Sovietica di fare oggi quello che avrebbero dovuto fare quasi mezzo secolo fa! Come! Dopo avere accumulato nei loro arsenali cinquantamila bombe nucleari, i due potenziali assassini della specie hanno il coraggio di presentarsi come potenziali salvatori, nel mezzo di un mare di luoghi comuni e di frasi fatte propinate dai mass-media mai così verbosi e frenetici!

Tuttavia è chiaro che bisogna far buon viso a cattivo gioco e, pur senza illusioni, dire quello che ci aspettiamo praticamente dal "summit" di Ginevra. E allora diciamo subito che non ci aspettiamo la condanna della guerra bensì la fine della pace attuale, questa nostra particolare pace che, rovesciando il noto aforisma di von Clausewitz ("La guerra non è che la continuazione con altri mezzi della politica del tempo di pace") potrebbe essere definita la continuazione con altri mezzi della politica del tempo di guerra.

Perché vogliamo la fine della pace attuale? Perché siamo stanchi di parlare e di sentire parlare di orridi e noiosi ordigni nucleari, di abbietti e monotoni genocidi, di schifosi e sciocchi equilibri del terrore. Vorremmo invece parlare e sentire parlare delle cose buone e belle che fanno sì che una civiltà sia una civiltà e non la già menzionata attesa in carcere del prigioniero condannato a morte.

In primavera ho partecipato a Parigi al congresso dei diritti dell'uomo. In questa occasione ho fatto un breve intervento e ho detto che mettevo tra i diritti a cui l'uomo non può rinunciare, quello di illudersi che la civiltà è immortale. Ora la guerra nucleare, possibile e incombente, sbarra il futuro, abolisce quest'illusione.

Evidentemente non siamo nella posizione di poter dare dei consigli ai due protagonisti di Ginevra. Oltre tutto, le nostre mogli non ci hanno lasciati e la logica del suicidio ci è estranea. Tuttavia qualche cosa vogliamo pur dirlo sul modo che vorremmo che fosse tenuto per arrivare al disarmo. In poche parole, pensiamo che le trattative per il disarmo sono finora fallite perché erano condotte esclusivamente sul piano politico. Di fronte a questo fallimento, viene fatto di pensare che una correzione di rotta sarebbe opportuna. Perché dunque non allargare il dibattito politico al piano etico-ecologico? Fuori della politica, o meglio al di là della politica, l'accordo già esiste, non resta che prenderne coscienza. Insomma, bisognerebbe far sì che il rapporto degli uomini tra di loro e degli uomini con la Terra fosse anteposto al rapporto tra gli Stati.

E se invece l'incontro Reagan-Gorbaciov non portasse ad alcun risultato, che cosa ci resta da fare?

In Giappone c'è un'usanza tradizionale che si chiama "iubikiri". "Iubi" vuol dire dito, come in "harakiri", "hara" vuol dire pancia. L'usanza vuole che quando si desidera che qualcuno faccia qualche cosa che si rifiuta di fare, ci si taglia un dito e lo si lancia in faccia alla persona in questione. In questo modo si crea un'obbligazione; ricevuto il dito in faccia, la persona non può più sottrarsi, deve pagare il debito. Così, ci viene fatto di domandarci: non dovremmo forse, in futuro, tagliarci un dito e lanciarlo in direzione della Casa Bianca e del Kremlino, per creare l'obbligazione del disarmo? Chissà, forse servirebbe là dove i "summit" sono finora falliti. Ma già, dimenticavamo che Reagan e Gorbaciov non sono giapponesi!

(*L'Espresso*, 24 novembre 1985)

118

IL REGALO DI NATALE

Diario Europeo

1° dicembre. Reagan e Gorbaciov come Babbi Natale. Ho fatto in questi giorni un viaggio in Germania, da Monaco ad Amburgo. Dovunque, nelle città, c'erano già le brillanti ed estrose luminarie natalizie; una folla di compratori entrava ed usciva dai negozi.

Allora mi è venuta l'idea anch'essa natalizia, che anche Reagan e Gorbaciov avrebbero dovuto cogliere l'occasione delle feste di fine d'anno e fare un regalo all'umanità che tanto si aspettava da loro. Ora quale regalo più gradito della vicendevole abolizione di una piccola percentuale delle cinquantamila bombe che contengono i loro arsenali? E quale regalo meno costoso, in termini di rischio per la sicurezza nazionale? Tutti sanno infatti che l'un per cento appena delle bombe oggi esistenti basterebbe a distruggere l'intero pianeta. E sopra tutto: quale regalo più pubblicitario e più propagandistico?

Non è, questo, un pensiero sentimentale. Oltretutto il disarmo non ha nulla di sentimentale e tanto meno il messaggio cristiano. No, la mia riflessione, per una volta è politica o meglio machiavellica, se è vero, come

119

credo che sia vero, che Machiavelli ci insegna a guardare ai fatti attraverso il velario seducente delle parole. I due protagonisti di Ginevra, così attenti a curare la loro immagine nei rispettivi Paesi, con un regalo di Natale di qualche migliaio di bombe disinnescate e spedite sottoterra (oppure nello spazio), avrebbero ricevuto a loro volta il regalo natalizio di una popolarità raddoppiata o meglio centuplicata, fondata sui fatti e non sulle parole. Invece a Ginevra non è successo nulla, nulla, nulla.

Perché questo? La ragione pare evidente: non si è voluto sottrarre il problema del disarmo al dibattito politico; distruggere poche bombe simboliche avrebbe potuto creare il precedente di una decisione di specie umanitaria in una questione che ci si ostina a considerare esclusivamente politica, quando invece andrebbe affrontata sul piano etico-ecologico che le è proprio. Si dirà: ci sono troppi interessi, appunto, politici nonché economici e, insomma, imperiali dietro la questione del disarmo, per trattarla come una questione umanitaria. Già, ma anche dietro la lotta contro la schiavitù c'erano altrettanti interessi. Intanto però si cominciò col liberare gli schiavi.

2 dicembre. Analogie tra realtà e letteratura. In "I fratelli Karamazov" nel capitolo intitolato "Il lezzo e la putrefazione" Dostojevski racconta che il cadavere dello "staretz", ossia di un monaco morto in odore di santità, ad un certo momento, comincia a puzzare. Ora tutti i numerosi fedeli accorsi al convento per assistere ai funerali del sant'uomo, erano invece sicuri che il cadavere non soltanto non avrebbe puzzato ma avrebbe probabilmente emanato un soave profumo. Dostojevski dice: "Lo 'staretz' si era fatto dei nemici feroci, dichiarati o nascosti e non solo tra i monaci ma perfino tra di noi... ecco perché io credo che molti che sentirono il lezzo della putrefazione che emanava dal cadavere e per di più così presto (non era ancora passato un giorno dalla morte) ne furono straordinariamente contenti". Penso che, qui, all'ambiguità che è propria dell'arte, si aggiunge un'ambiguità di fondo dello scrittore che ne aveva bisogno per fare un ritratto dello "staretz" senza per questo cadere nella agiografia. Ma Dostojevski, del resto, è sempre ambiguissimo.

Ora Henry Scott Stokes del cui libro "Vita e morte di Yukio Mishima" ho parlato giorni fa, a proposito dell'harakiri dello scrittore, racconta: "I membri del Tatenokai (il gruppo paramilitare fondato da Mishima) si inginocchiarono in silenzio e recitarono una preghiera buddistica".

"Nella stanza echeggiava soltanto un sommesso singhiozzare. Lagrime scorrevano dalle loro guance. Bolle d'aria affioravano alla superficie del collo mozzo di Mishima, donde il sangue non cessava di sgorgare dilagando sul pavimento. Le viscere traboccando sul tappeto diffondevano un lezzo acre e nauseante".

Perché ho voluto accostare i due episodi l'uno letterario e l'altro reale? Per dire che la realtà è spesso altrettanto e più ambigua dell'arte.

3 dicembre. Ho letto da ultimo "Vita e processo di Suor Virginia Maria de Leyva Monaca di Monza" (editore Garzanti). Ci sono molte parti degli interrogatori trascritte tali e quali come le fecero a viva voce imputati e testimoni che confermano la mia idea che in passato la distanza tra lingua parlata e lingua scritta non fosse poi così grande come di solito si crede. La Monaca di Monza racconta la sua storia da donna incolta, è vero, ma con un'energia e un'asciuttezza che ritroviamo nei testi letterari del tempo. Così, il paragone tra l'italiano della Monaca di Monza e quello parlato oggi pare inevitabile; e viene addirittura fatto di domandarsi: "Ma cosa è successo agli italiani negli ultimi tre secoli per essere cambiati fino a questo punto?"

In realtà leggendo questi documenti del processo a Suor Virginia Maria de Leyva, si ricava l'impressione strana e sconcertante di una vera e propria mutazione del popolo italiano. Due elementi sembrano provocare

121

questa che chiamo mutazione: la scomparsa dalla vita sociale in Italia così della cultura umanitaria come della originaria visione religiosa del mondo. Alla base della mutazione ci saranno poi, forse, i rivolgimenti sociali, per esempio, l'affioramento delle classi popolari: ma questo è tutt'altro che sicuro; certe cose non si possono spiegare, restano misteriose.

Queste riflessioni, del resto, sembrano essere confermate dal personaggio che il Manzoni ha ricavato dalla storia di Suor Virginia de Leyva. Il Manzoni, infatti, lascia cadere così l'umanesimo rinascimentale come il realismo pretridentino della Monaca. Il personaggio reale non aveva per così dire psicologia o meglio aveva la psicologia del tempo cioè basata esclusivamente sulla appartenenza alla società, quale essa fosse. La Monaca manzoniana appartiene anch'essa ad una società ma è, appunto, una società che paradossalmente rivendica il diritto dell'individuo ad avere una sua psicologia del tutto autonoma: la società borghese di cui lo stesso Manzoni faceva parte. È all'assenza di una psicologia individuale che si devono l'energia e l'asciuttezza delle deposizioni al processo della Monaca di Monza. Per converso, la presenza della psicologia individuale dà profondità al personaggio manzoniano.

(*Corriere della Sera*, 18 dicembre 1985)

TASCABILI BOMPIANI:
Ultimi titoli:

333 **Zavattini** Ligabue
334 **Kawabata** Il suono della montagna
335 **Ward** La fossa dei serpenti
336 **Camus** Caligola
337 **Moravia** 1934
338 **Parker** Il mio mondo è qui
339 **Puškin** La figlia del capitano
340 **Fava** Gente di rispetto
341 **Roth** Tarabas
342 **Mann** Racconti
343 **Bretécher** I frustrati
344 **Governi** Nannarella
345 **Defoe** Moll Flanders
346 **Altan** Senza rete, Cipputi!
347 **Conrad** Nostromo
348 **Brancati** Diario romano
349 **Festa Campanile** La ragazza di Trieste
350 **Böll** Dov'eri, Adamo?
351 **Groddeck** Il linguaggio dell'Es
352 **Festa Campanile** Conviene far bene l'amore
353 **Alvaro** L'uomo è forte
354 **Zavattini** La notte che ho dato uno schiaffo a Mussolini
355 **Sakharov** Il mio paese e il mondo
356 **Pirsig** Lo zen e l'arte della manutenzione della motocicletta
357 **Sartre** Le mosche / Porta chiusa
358-359 **Vittorini** Americana
360 **Brancati** La governante
361 **Roth** Il mercante di coralli
362 **Morandini** ...E allora mi hanno rinchiusa
363 **Cella** Yoga e salute
364 **Bioy Casares** L'invenzione di Morel
365 **Cardinal** La chiave nella porta
366 **Bretécher** Frustrati 2
367 **Zavattini** Poesie
368 **Moravia** La mascherata
369 **Ceronetti** Il cantico dei cantici
370 **Vidal** Myron
371 **Tanizaki** Due amori crudeli
372 **Blixen** Ultimi racconti
373 **Bertoldi** Umberto
374 **Manzoni** Storia incompiuta della
     rivoluzione francese
375 **Svevo** La coscienza di Zeno
376 **Aśvaghosa** Le gesta del Buddha
377 **Lewis-Artaud** Il monaco
378 **Altan** Gioco pesante, Cipputi!
379 **Eco** Lector in fabula
380 **Colette** Il puro e l'impuro

381 **Svevo** Senilità
382 **Eliot T.S.** Assassinio nella cattedrale
383 **Manzoni** Storia della Colonna infame
384 **Artemidoro** Il libro dei sogni
385-386 Poesia Francese del Novecento a cura di **Accame**
387 **Wedekind** Lulu
388 **Hesse** Peter Camenzind
389-390 **Dickens** Il circolo Pickwick
391 **AA.VV.** Fame
392 **Groddeck** Lo scrutatore d'anime
393 **Canetti** La lingua salvata
394 **Réage** Ritorno a Roissy
395 **Enna** La grande paura
396 **Roth J.** Il profeta muto
397 **Yourcenar** Moneta del sogno
398 **Highsmith** Il grido della civetta
399 **Poe E.A.** Racconti
400 **Blake** Libri profetici
401 **Graves** Jesus Rex
402 **Eco** Sette anni di desiderio
403 **Barnes** La passione
404 **Zavattini** Gli altri
405 **Berne** Fare l'amore
406 **Brown** La vita contro la morte
407 **Stevenson** Il dottor Jekyll e il signor Hyde
408 **Bretécher** I frustrati 3
409 **Gurdjieff** Incontri con uomini straordinari
410 **Origo** Guerra in Val d'Orcia
411 **Colette** Il mio noviziato
412 **Asuni-Gurrado** Gli sdrogati
413 **Altan** In diretta, Cipputi!
414 **Cardinal** Nel paese delle mie radici
415 **Canetti** La provincia dell'uomo
416 **Moravia** L'inverno nucleare
417 Vita di Milarepa a cura di **Bacot**
418 **Collange** Voglio tornare a casa
419 **Ferrari** Come operare in borsa
420 **Pozzoli** Scrivere con il computer
421 **Nardelli** Pirandello, l'uomo segreto
422 **Lernet-Holenia** Marte in ariete
423-424 **AA.VV.** Narratori giapponesi moderni
425 **Roth J.** Confessione di un assassino
426 **Cardinal** La trappola
427 **Yourcenar** Ad occhi aperti
428 **Amado** Terre del finimondo
429 **Barnes** La foresta della notte
430 **Tanizaki** Diario di un vecchio pazzo
431 **Canetti** Il frutto del fuoco
432 **Degli Esposti-Maraini** Storia di Piera
433 **Venè** La notte di Villarbasse
434 **Kraus** Detti e contraddetti
435 **Waugh** Ritorno a Brideshead

436 **Wittgenstein** Lezioni e conversazioni
437 **Asuni-Gurrado** Mamma eroina
438 **Altan** Aria fritta, Cipputi!
439 **Faulkner** Bandiere nella polvere
440 **Svevo** Una vita
441 **Moravia** La cosa
442 **Donoso** L'osceno uccello della notte
443 **Cibotto** La coda del parroco
444 **Stephens** La pentola dell'oro
445 **Leibowitch** AIDS
446 **Bretécher** I frustrati 4
447 **Hersey** Hiroshima
448 **Prišvin** Ginseng
449 **AA.VV.** I ragazzi della strada
450-451 Poeti ispanoamericani del Novecento
       a cura di **Francesco Tentori Montalto**
452 **Eco** Sugli specchi e altri saggi
453 **Lernet-Holenia** Il conte di Saint-Germain
454 **Nin** D.H. Lawrence
455 **Roth J.** Romanzi brevi
456 **Malcolm** Ludwig Wittgenstein
457 **Cioran** La tentazione di esistere
458 **Madox Ford** Il buon soldato
459 **Wells** L'uomo invisibile
460 **Canetti** Massa e potere
461 **Verga** I Malavoglia
462 **Camus** Il rovescio e il diritto
463 **Morselli** Un dramma borghese
464 **Altan** Pioggia acida, Cipputi!
465 **Cardinal** Una vita per due
466 **Tao Tê Ching** a cura di J.J.L. Duyvendak
467 **Sade** Gli infortuni della virtù
468 **Bachmann** Il trentesimo anno
469 **Mack Smith** Cavour
470 **Hofmannsthal** Il libro degli amici
471 **Cibotto** Scano Boa
472 **Pareyson** Estetica
473 **Mereu** Storia dell'intolleranza in Europa
474 **Briggs** Visitatori notturni
475 **Blixen** I vendicatori angelici
476 **Wolfe** Maledetti architetti
477 **Savinio** Ascolto il tuo cuore, città
478 **Bufalino** L'uomo invaso
479 **Calasso** La rovina di Kasch
480 **Godechot** La Rivoluzione francese
481 **Ferrucci** Lettera a me stesso ragazzo
482 **Klossowski** Il Bafometto
483 **Canetti** Le voci di Marrakech
484 **Bigiaretti** Esterina
485-486 **Hampson** Robespierre-Danton
487 **Cochin** Lo spirito del giacobinismo

488 **Roth Ph.** La mia vita di uomo
489 **Verga** Mastro Don Gesualdo
490 **AA.VV.** Sfida all'uomo
491 **Simenon** Le finestre di fronte
492 **Saikaku** Cinque donne amorose
493 **Bierce** Racconti neri
494 **Canali** Latini in sogno
495 **Altan** Guida a destra, Cipputi!
496 **Lernet-Holenia** La resurrezione di Maltravers
497 **Morandini** I cristalli di Vienna
498 **Bachmann** Tre sentieri per il lago
499 **Roth J.** Zipper e suo padre
500 **Sciascia** La strega e il capitano
501 **Jünger** Un incontro pericoloso
502-503 Scrittori ebrei-americani a cura di **Mario Materassi**
504 **Lilli** Zeta o le zie
505 Fiabé popolari romene a cura di **Marin Mincu**
506 **Zorzi** La vita a metà
507 **Balestrini** Gli invisibili
508 **Romano** Giovanni Gentile
509 **Kipling** Racconti del mistero e dell'orrore
510 **Manzoni** I Promessi Sposi
511 **Walpole** Il castello di Otranto
512 **Foscolo** Ultime lettere di Jacopo Ortis
513-514 Poeti romantici inglesi a cura di **Franco Buffoni**
515 **Nin** Una spia nella casa dell'amore
516 **Conrad** Tifone
517 **Eliot** Il libro dei gatti tuttofare
518 **Bompiani** Greguerías
519 **Altan** Overdose, Cipputi!
520 **James** Cuori strappati
521 **Maupassant** Racconti
522 **Segre** Storia di un ebreo fortunato
523 **Dickens** Racconti di fantasmi
524 **Deligeorges** Foucault e la prova del pendolo
525 **Böll** Terreno minato

TASCABILI BOMPIANI
Periodico settimanale anno XI numero 416 - 9/6/1986
Registr. Tribunale di Milano n. 133 del 2/4/1976
Direttore responsabile: Giovanni Giovannini
Finito di stampare nel mese di marzo 1991 presso
la Milanostampa S.p.A. - Farigliano (CN)
Printed in Italy